マンガで読む

嘘つき中国共産党

中国亡命漫画家
辣《ラー》椒《ジャオ》

新潮社

目次

拆
習
拆

第1話 激辛の唐辛子

こんにちは
私は中国から来た
漫画家です
?
中国政府に迫害を受け
日本に逃げてきました
法办!
打倒!
親日漢奸
売国辣椒
親日媚日!
ペンネームは
〝変態辣椒〟です!
よろしく!
変態
辣椒
あー
逃げないで〜!
私はヘンタイじゃ
ないよ!
日中
友好

昆虫の変態
電車の中のヘンタイ
〝変態〟にはいくつかの意味があります
中国の口語では〝特別〟とか〝スーパー〟という意味があります
中国のすんごく辛い手羽焼きの名前は…
変態焼き手羽
でも日本の読者の誤解を避けるためペンネームを変えますね
辣《ラー》椒《ジャオ》（唐辛子）
清純派です！よろしくね♥
売国辣椒
親日漢奸
法で裁け
なぜ私は中国政府の迫害を受けたのか？
ただ漫画で中国政府を風刺しただけなのに
打老虎反腐败
※中国では腐敗役人を〝老虎〟と言う
普通の国では政府は漫画家を迫害しないでしょう？
安倍ヤメロ！
可愛く描けてるね！
でも中国では違います「言論・表現の自由」なんて一切ありません

政府はネット上にも「万里の長城」（グレートファイアーウォール）を作りました
LINE
政府の膨大な「敏感単語」リストに触れる単語は表示できません
大飢饉 1958~1962
天安門 1989.6.4
「習近平」を検索しようとしても「敏感部分」は表示されません
Baidu百度 習近平
网页
根据相关法律和政策，部分搜索结果未予显示。
習近平
公人なのに！
権力は自由な言論によって監視されるべきだと私は考えます
国家主席のくせに「部分」は敏感なのか！
微博（中国版Twitter）の言論も政府は厳しく監視しています
THE LORD OF THE SNS
運営会社「新浪」のマークはまるで監視の象徴
微博では私のアカウントは200回以上も削除されました
SINA
その度にアカウント登録し直し、ネット民は〝転世（生まれ変わり）〟と呼んで応援してくれました
辣椒三世
我は不死鳥なり！
微博には私のほかにも多くの〝転世党〟がいます
転世党では以前、『Vフォー・ヴェンデッタ』※の主人公〝V〟をアイコンにすることが流行りました
※Vフォー・ヴェンデッタ：2006年公開の映画

中国政府はユーモアセンスが
まったくない 兄弟国家の
北朝鮮とソックリ
自分たちを世界で最も完璧で
偉大な政党だと思い込んでいる
偉大!光栄!正確!
もちろん風刺漫画も
一切許さない
毛沢東を〝かわいい〟風に
描くのもダメなんです!
NO!
微博のフォロワーは
最大で90万人いました
UP
UP
UP
UP
何しろ中国では政府批判をする
漫画家はパンダより希少ですから
パンダ
1850頭
程度はいる
政治漫画家
多分10人も
いない
しかし共産党の機関紙は
知り合いの漫画家に私を
批判させました
変態辣椒の作品を
どう思いますか?
环球時報
彼の作品は風刺でも
何でもない
ただの下品な扇動です
お前は共産党を本気で
転覆させたいのか?
同志だと思っていたのに
いつのまにか共産党に
取り込まれてしまったのか…

たとえ一人になっても
私はペンで政府に戦いを挑みます
政府はウソによって
自らの正統性を
デッチ上げています
そんな政府のデタラメを
ユーモアによって
暴きたいと思います
こんな漫画を描くのも私に
とっては自由と尊厳を守る
戦いなのです
もちろん、いつも恐怖心で
いっぱいでした
传唤
逃げようよ！
戦おうぜ！
STOP
警察に逮捕されたら
どんな酷い目に遭うか…
でも自分の気持ちを表現したい
という欲求が抑えきれませんでした
これ描くの、すげえハマる！
ちょっと一緒に
「お茶」しようか？
警官証
そして、ついにその日が来た…

お茶といえば、日本ではこんな感じでしょう？
しかし中国では「お茶を飲む」という言葉には全く違う意味があります
お茶をたっぷり飲まされた…
さあ たっぷり話を しようぜ
「被喝茶」とは警察の取り調べを受けることを意味します
中国の警察の恐ろしさはまた今度じっくりお話しします
「お茶を飲まされる」以外にも、沢山の符牒があります
被喝茶
山巓
河蟹
査水表
熊猫
維穏
日本にいる友人が私たち夫婦を日本に招待してくれました
3ヶ月も滞在できるよ
それなら色んな所に行けるね　美味しい日本料理も食べたい！
私と妻は日本を満喫しました
ラーメン
、、、、日本料理、美味しい！
中国人にとって、日本のラーメンは日本料理…
滝民宿
日本での素晴らしい経験を微博に記載しました
そして帰国の準備中に突然私の運命を変える攻撃が始まったのです…
!!

※艾未未は、その後2015年7月にパスポートを返還され、ドイツへ出国した。

政府に洗脳された多くの中国人は私のことを敵視している
一文無しになってザマアミロ!
共産党に楯突くからさ!
でも私の漫画を重要だと言ってくれる人もいる
これからも描き続けてください!陰ながら応援してます!
私の夢は中国近現代史の真相をストーリー漫画で描くことです
必勝
中国近代史
文化大革命
毛沢東真相
天安門1989
いつの日か中国市民も私の作品が見られることを願って…
人民解放軍は最強だ!
共産党に刃向う奴は誰もいない!
それなのになんで包丁一本買うのも登録制にしてるの?
中国政府は強大に見えるけど内心は臆病です
8000万の党員を擁し「3つの自信」があると強弁する
道路自信
そんなに自信があるならネットを監視するのはなぜ?
ヤメロ!目が潰れる!
彼らが包丁よりももっと恐れているのは政治漫画
これからも私は漫画を描き続ける使命があると感じています
今後もよろしくお願いします!

2016年9月9日、私の風刺漫画※をリツイートした人が10日間も勾留されました
リツイートだけで10日間なら私は終身刑かも…やはり帰国は不可能だ！

※次頁参照

問題となった漫画はコレ
G20

第2話 その熊猫、凶暴につき

日本で警察といえば
こんなイメージ
KOBAN 交番

中国でも「警察」という
漢字は同じです
警《けい》察《さつ》
警《jǐng》察《chá》
同じではないのは…

悪い人を逮捕する正義の味方
変態よ!

中国には大量の「政治警察」
がいること
我々が
治安維持パワーだ!

鄧小平は「安定は全てを圧倒する」と宣言して、軍事力で人民を押さえつけました
稳定压倒一切
胡錦濤は、地方政府の最重要課題として「安定」を掲げました
维稳
教育
经济
民生
行政
党务
不合格
せっかく経済や教育で良い結果を出したのに…
習近平は、民主化の芽が出た瞬間に叩き潰そうとしています
政治警察の役目は、微かな萌芽も見逃さず、取り締まることです
……
中国のネット民は、なぜ政治警察を「熊猫」(パンダ)と呼ぶのでしょうか?
セクハラ反対
なぜ女性の権利を訴えるのもダメなの!?
「政治警察」といえば主に三つの組織を指しています
一つは国家安全部、略して「国安」いわゆる外事警察
もう一つは「国内安全保衛」、略して「国保」国内の治安維持を担当
そして、ネット言論を取り締まるのが「網絡安全保衛」、略して「網警」
でも市民にとっては、どれも一緒ひとくくりに熊猫(パンダ)と呼んでいるのです
「国保」→「国宝」(同音語)→「熊猫《パンダ》」

前に説明した通り、「被喝茶」は「警察に尋問される」の隠語です
また熊猫ちゃんとお茶してきたのか？
もう飲み過ぎてタプンタプンだよ
「査水表」(水道メーターの検針)は、「警察が訪ねてくる」の符牒です
誰ですか？
水道メーターの検針です！
※国保が玄関を開けさせるのによく使う手口
これは発音が同じ
山洞癲蝠
(煽動顛覆※)
※政権の転覆を煽動すること
「河蟹」は口だけの「和諧」を揶揄する言葉(これも同音語)
中国には辞書に載っていない隠語がたくさんあります
和谐社会
胡錦涛
胡錦濤時代も格差は広がる一方だった…
熊猫は真夜中に人を捕まえる
パンダって夜行性だっけ？
旧ソ連の秘密警察を手本にしているそうです
白熊の兄貴に学べ！
夜中に捕まえた方が精神的なダメージが大きく落としやすくなる
じゃあ、これから毎晩みっちり尋問しましょう！
それは人権侵害なのでは…？
馬鹿野郎！共産党に刃向う奴に人権なんてあるわけないだろ！

この1枚のイラストが原因で2011年、私は初めてお茶を飲まされました
一人一票
中国を変える
選票
ある大学教授が立候補すると大学側は全教職員・学生にSMSを一斉送信しました
彼はアメリカから裏資金をもらっている絶対に投票するな!
中国の憲法では「公民は選挙権と被選挙権を有する」と規定されていますが、実際には自由選挙なんて存在しません
私に絶対服従を誓う奴しか人民代表にはさせん!
共産党はあらゆる手段を使って独立系候補たちを抑え込もうとしました
もし立候補したらお前の家族が酷い事故に遭うかも知れないぞ
日本のような選挙戦もありません
日本で選挙カーを見てとても感動しました
どうしたの?
生まれて初めて本当の選挙を見たよ!
立候補を諦めなかった魏忠平は警察で殴る蹴るの暴行を受け肋骨を3本折られました
※2014年、魏忠平は当局による罪のでっち上げで懲役6年6ヶ月の判決を下されました
ところが2011年の選挙で独立系候補を立てる運動が盛り上がりました
胡錦濤主席、全国で独立系候補者が現れています!
一党独裁の危機だ! 徹底的に弾圧しろ!
「一人一票」のイラストを描いた時は、独立系候補が弾圧されるとは思ってもいませんでした
一人一票
中国を変える
中国でも自由選挙が行われるようになればいいな!

河南省の人から連絡がありました
素晴らしいイラストですね！Tシャツにして売りませんか？
一般販売は危ないよ イラストのデータをあげるから あなたの分だけこっそり印刷したら？
しかしこの人は私の忠告を聞きませんでした
ネットでTシャツを売ったら100枚以上売れたよ！
みんな自由選挙を支持しているんだね！ でも熊猫に気をつけなよ……
数日後、彼はネットから消えてしまいました
ヤツは熊猫に捕まったよ パソコンとTシャツも全部没収された
えっ、捕まった!?
そのうち私のところにも熊猫がやってくるに違いない―― 恐ろしい気持ちでいっぱいでした
ついにその日がやってきました
こんにちは、市政府の者です 辣椒さんに確認したいことがあります
私にどんなご用でしょうか？
お騒がせします ちょっと外でお話ししましょう！
思っていたより丁寧でした…
国家安全局の者です
国安
明後日、一緒に茶を飲みましょう
国安か…なぜ国保や網警じゃないんだろう？
それから2晩、よく眠れませんでした
投獄されるんだろうか？ 酷い拷問を受けたらどうしよう…

約束の朝、市内の茶楼に連れていかれました
茶
館
紅茶
烏龍茶
普洱
警察署じゃないや本当に「お茶を飲む」のか…
これはお前が描いたのか?
はい　憲法が定めている公民選挙を支持しただけです
一人一票
中国を変える
国安の熊猫たちは、私の漫画にはさほど関心がないようでした
外国人の友達はいるか?
彼らから漫画を描けと言われたか?
いいえ!　私が自分で描きたかったんですよ
熊猫たちは私に密告者になるよう持ち掛けてきました
ネットで政府批判を見たら、我々に報告してくれ
共産党のスパイなんかになるわけないだろ…
昼時、茶楼の個室でご飯を食べました
こんなにたくさん食べきれません
気にするな
残りは〝お持ち帰り〟で!
あとタバコを2カートン!
タバコまで一緒に会計するの!?
やつら経費で好き放題やってるんだ…
領収書!
日本で役所の人とご飯を食べたとき——
なんで彼は自分で払うのですか?
予算の中に彼の分は含まれていないからですよ
中国ではありえない清廉さ!

最初の被喝茶体験の数ヶ月あと
私たちの大学であなたの漫画についてお話ししていただけませんか?
いいですよ!
十数名の大学生に私の漫画作品を紹介しました
FREE CGC
1週間後、また国安の熊猫からお茶に誘われた——
先週、○○大学に行ったな?
どうして知ってるの?
大学生の中にもスパイがいる本当に恐ろしい密告社会です
誰が私を売ったのか!
2012年、私は北京で共産党の「両会」に出くわしました
热烈庆祝
全国人民代表大会
中国人民政治协商会议
胜利召开!
「両会」と言っても形だけで実際は共産党指導部の言いなりですが
赞成
彼らは賛成しかしません
両会が近づくと、熊猫たちの神経が一段とピリピリしてきます
美容
按摩
Massage
24小时营业
両会が終わるまで店は閉めろ!
馬鹿げた規制によって、市民生活が圧迫されます
両会

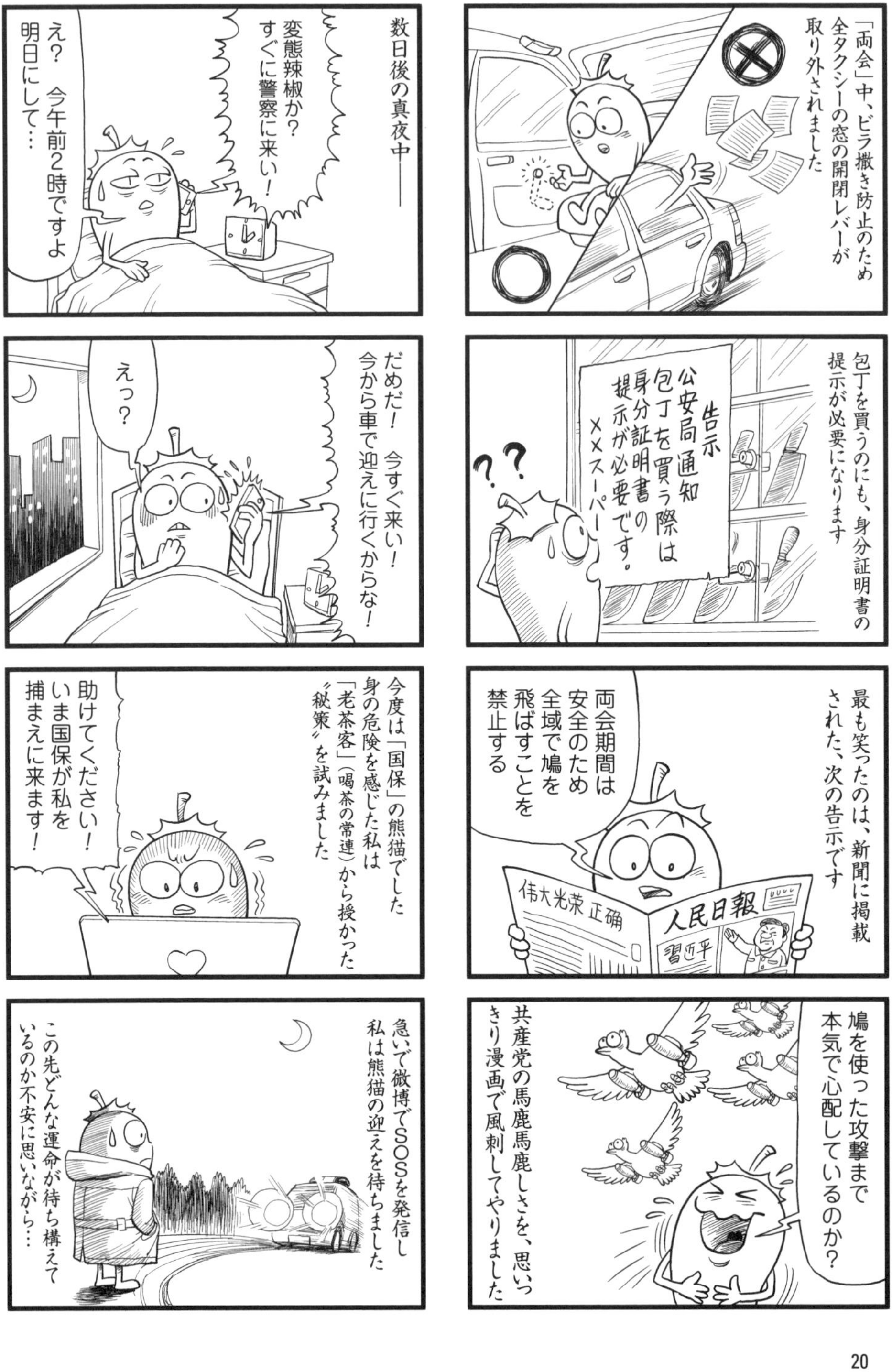
「両会」中、ビラ撒き防止のため全タクシーの窓の開閉レバーが取り外されました
包丁を買うのにも、身分証明書の提示が必要になります
告示
公安局通知
包丁を買う際は
身分証明書の
提示が必要です。
××スーパー
最も笑ったのは、新聞に掲載された、次の告示です
両会期間は安全のため全域で鳩を飛ばすことを禁止する
伟大光荣正确
人民日報
習近平
鳩を使った攻撃まで本気で心配しているのか？
共産党の馬鹿馬鹿しさを、思いっきり漫画で風刺してやりました
数日後の真夜中――
変態辣椒か？
すぐに警察に来い！
え？ 今午前2時ですよ
明日にして…
だめだ！ 今すぐ来い！
今から車で迎えに行くからな！
えっ？
今度は「国保」の熊猫でした
身の危険を感じた私は「老茶客」（喝茶の常連）から授かった〝秘策〟を試みました
助けてください！
いま国保が私を
捕まえに来ます！
急いで微博でSOSを発信し
私は熊猫の迎えを待ちました
この先どんな運命が待ち構えているのか不安に思いながら…

常に尾行されているような気がして
恐怖を感じます

第3話 熊猫の撃退法

真夜中に、国保の凶暴な熊猫に
「喝茶」に呼び出されました

ところが、私を連行しに来た
熊猫は、携帯をいじるのに
必死になっていました
POLICE

「老茶客」（喝茶の常連）が教えて
くれた方法はコレ
「助けて 凶悪な熊猫が私を捕
まえに来ます ●●署の□□□
携帯番号は××××です！」

ネット仲間たちが、いっせいに
熊猫の携帯に電話をかけたり
メールを送りつけたのです！

今回は本当に警察署に連れて行かれました
××警察署
ネット仲間たちは警察署の電話にも攻勢をかけてくれていました
おい、電話が鳴りやまないぞ！何とかしろ！
は、はい…すみません！
すみませんが、あなたのSNSの書き込みを削除して下さいませんか？
ふーん それはあなたの出方次第ですね
マウントポジション確保！
VS
中国の交渉術の基本はマウントポジションを確保すること
兵者詭道也
戦いでは相手を出し抜け―孫子
VS
熊猫は深夜の電話一本で私を心底恐れさせた
攻其無備
無防備なところを攻めよ―孫子
VS
でも、老茶客の秘策が警察署をパニックに！
出其不意
相手の想定外の攻撃をせよ―孫子
VS
凶暴そうだった熊猫は手のひらを返したように低姿勢になりました
多算勝
駆け引きに優れた者が勝つ―孫子

※「自白すれば寛大にする」「抵抗すれば厳しくする」の意。

それから1年ほど後、浙江省の余姚市で洪水が発生しました
被災した子供が餓死したって？かわいそうに！
余姚市政府は何をやっているんだ！
私はその情報が載っていたネット画像をキャプチャーしてネット仲間とシェアしました
そのエントリは、ものすごい速さで拡散していきました
余姚市政府は無能だ！
市幹部は被災者を助ける気がない！
変態辣椒がデマを拡散している！餓死した子供なんていない！
余姚市政府は、記者会見を開き私を批判しました
記者会見
私は反論しました
私はネット上の情報をシェアしただけ　批判するなら、もとのエントリを書いた人にすべきだ！
家で記者会見
余姚市政府の圧力を受けた微博の運営会社から連絡が来ました
もとのエントリを書いた人を探し出さないと、あなたが警察に捕まりますよ
なんで私が……
もとのエントリを書いた相手に、どうやっても連絡が取れませんでした
変態辣椒と申しますが…
余姚市の件で…
まさか警察に捕まっていませんよね？
あなたは無事ですか!?
またお茶を飲まされるかも…
なんであなたが…政府がもとの書き手を探すべきでしょう？
※当時のガールフレンド、のちの奥さん

その1週間後　2013年10月16日の深夜——
こんな遅くにドアを叩く人が?
ぜったい国保だ!
前回の熊猫とは違うプロフェッショナルな雰囲気が漂っていた
また急いでネット仲間にSOSメールを打ちました
ちょっと待って下さい服を着替えますので!
果たして今回は無事に帰ってこられるのか…　お互いに無言で手を握り合いました
……
……
警察署で取り調べが始まるとすぐに熊猫たちが慌てだし一人で部屋に残されることが多くなりました
坦白从宽
抗拒从严
讯问室
もしもし……
全国から変態辣椒のことを問い合わせてきます!
どうやってヤツがここにいると知ったんだ?
またもやSOS作戦が大成功!
警察の電話回線がふさがってしまった　エントリを削除しろ!
坦白从宽
抗拒从严
言うことを聞くべきかそれとも……
お前が協力するなら我々も配慮してやる!
協力した方が、早くここから出られると判断し、私はエントリを削除しました

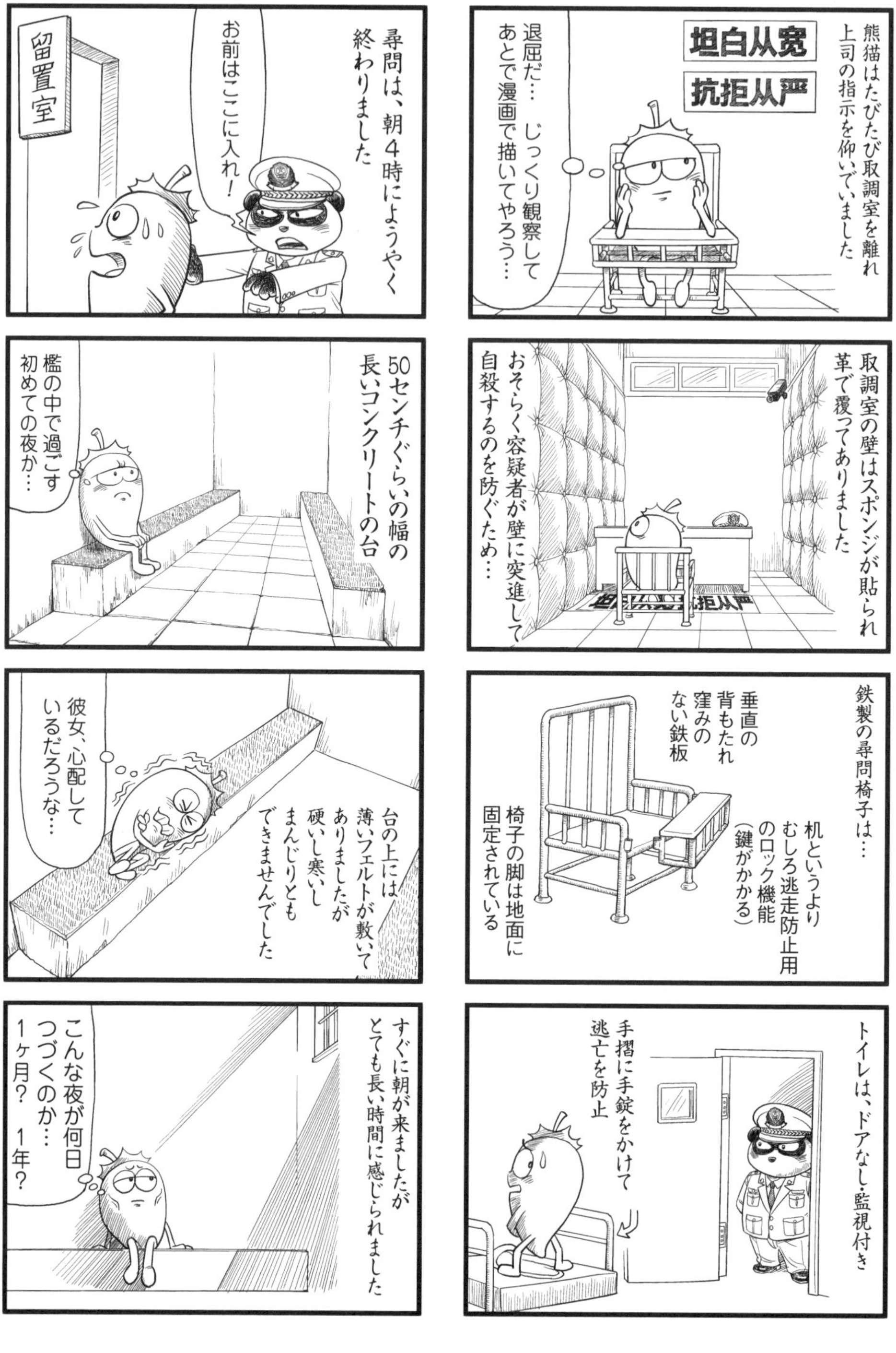
熊猫はたびたび取調室を離れ上司の指示を仰いでいました
坦白从宽
抗拒从严
退屈だ… じっくり観察してあとで漫画で描いてやろう…
取調室の壁はスポンジが貼られ革で覆ってありました
おそらく容疑者が壁に突進して自殺するのを防ぐため…
鉄製の尋問椅子は…
垂直の背もたれ窪みのない鉄板
机というよりむしろ逃走防止用のロック機能（鍵がかかる）
椅子の脚は地面に固定されている
トイレは、ドアなし・監視付き
手摺に手錠をかけて逃亡を防止
尋問は、朝4時にようやく終わりました
お前はここに入れ！
留置室
50センチぐらいの幅の長いコンクリートの台
檻の中で過ごす初めての夜か…
台の上には薄いフェルトが敷いてありましたが硬いし寒いしまんじりともできませんでした
彼女、心配しているだろうな…
すぐに朝が来ましたがとても長い時間に感じられました
こんな夜が何日つづくのか… 1ヶ月？ 1年？

彼女は一晩中寝ないで
ずっとネットで助けを
求めていました
中国で逮捕されたときは、必ず
上着を多めに持って行くこと
冷暖房はないので、秋でも凍え
死にそうになりました
有名な人権派弁護士の浦志強さんが
支援を申し出てくれました
心配しないで
大丈夫だから!
※2014年6月、浦志強は逮捕され、
翌年12月に猶予つきの有罪判決を受けた
ご飯も出ないので、知人に
差し入れを頼む必要があります
彼女が作って
くれたんだ
こんなたくさん
食べきれないよ…
SOUP
友人の老茶客が
彼女に付き添ってくれました
どのくらい出てこられない
と思う?
俺の時は
1ヶ月だった
そのくらいは覚悟して
おいた方がいいな
インスタントの
スープがあったけど
お湯がもらえ
ませんでした
せっかく彼女が
気を利かせてくれたのに…
彼女は不安と緊張のあまり
ウォーターサーバーのタンク
1個分の水を、たった一晩で
飲み干してしまいました…
お椀を戻す時、こっそり表面に
爪でメッセージを刻み込みました

夕方5時過ぎ――
お前もうすぐ家に帰れるぞ
本当ですか？
罪を認めれば釈放してやる
なんだこれ事実と全然違うじゃないか…
始末書
でも、家に帰りたい一心でついサインしてしまいました…
私は強制されています 私は強制されています 私は強制されています 私は強制されています 私は強制されています
これは、いま思い返してもとても悔しい…
警察の脅迫に屈しないで戦い続けている人は本当にすごいと思います
私は一晩でもかなりこたえました
人権活動家 呉淦
人権活動家 郭玉閃
弁護士 浦志強
ジャーナリスト 高瑜
人権活動家 郭飛雄
夜8時、ついに釈放されました
連行された時は泣かなかった彼女も、再会した時は大泣きしました
僕がお椀に彫った文字、見た？
何それ？見てないわよ？
このお椀は夫婦の愛の記念として今でも大切に保管しています
我愛你

東京のアパートには、妻と旅行した時の写真をいっぱい貼っています
喧嘩しそうになっても写真を見ると仲直りできるね

第4話 現代の皇帝・習近平

今回は習近平・国家主席を紹介します！
なんでオレが肉まんなんだ!?

国家主席に就任した年習近平は北京の有名店で肉まんを食べました

「習近平は庶民的」と共産党が宣伝し、店は観光名所に――
习主席吃包子处

それ以来、多くの人が「習包子」「包子帝」と呼んでいます
オレを侮辱するヤツは許さん！

中国の指導者は代替わりする
たびに小物化していきました
毛
邓
江
胡
しかし習近平の権勢は鄧小平を
超えて毛沢東に迫る勢い
毛
邓
江
胡
习
自らの神格化にも熱心
毛沢東選集
習近平
国政運営を語る
習近平は必ず〝終身皇帝化〟
すると私は予想しています
毛沢東を継ぐのは
このオレ様だ
習近平が〝皇帝化〟すると言うと
みな笑います
そんなバカな!
今は21世紀だよ!
でも、規約通り10年で
国家主席を退くなら対抗勢力を
あんな厳しく処罰できないはず
これまでの指導者は引退後の
復讐を恐れてみんな自制的でした
我慢するか…
酒
肉まんの中には
どんな餡が入っているのか……
しっかり
暴きたいと思います

※1936年に戦死した劉志丹を題材に書かれた小説『劉志丹』が反党文書だとされ、関わった人間が弾圧された事件。

習近平自身も「反革命分子学級」へ追放――
ザマアミロ！
しっかり"改造"されてこいよ！
公安部門から何度も厳しい取り調べを受けました
ブルジョアの犬が！
犬のように道端に捨てよう
お兄ちゃん…わあっ！全身シラミだらけじゃないか!!
弟の習遠平
※現・国際節能環保（省エネ環境保護）協会会長
10代後半から7年間も陝西省の農村に下放されました
文革後、父・習仲勲が党幹部に復帰――
息子よ、今からお前に帝王学を授けよう
名門・清華大学化学工程部を卒業すると、すぐに出世街道を歩み始めました
あれが習仲勲の息子か
どうせ親の七光りさ！
この時期の習近平はなるべく敵を作らずに雌伏していたという
権力を握るまでは韜光養晦だ
２００２年、習仲勲は世を去りました――
お父さん、死なないで！
お前はよくやっている
あとは自分の力だけで頑張りなさい…

江沢民は後継者を自分で決められなかった
お前の次は胡錦濤にやらせる
え？
江沢民は退任後も自らの権力の温存を図りました――
次こそ後継者を自分で決めてやる
チッ、邪魔なオッサンだ
結局、江沢民が胡錦濤との権力闘争に勝利しました
習近平がよかろう！
クソッ……！
お父さんついにこの国のトップになったよ！
習仲勳
胡錦濤の時代は「集団指導体制」でした
厳格に序列が決められ、公共の場では序列順に行動します
行
1 2 3 4 5 6 7 8 9
立
9 7 5 3 1 2 4 6 8
人字陣
9 7 5 3 1 2 4 6 8
三角陣
8 6 7 9
5 3 1 2 4
各常務委員が担当部門を掌握し重要な問題は多数決で決めました
クソッ！通らなかった！
また通らなかった！
オレが政権を握ったらこんな事は絶対に起こさせない！

習近平がトップに就くと権力の集中を徹底しました
総書記就任と同時に中央軍事委員会主席に――
オレたちは何年も待ったのに慣例破りだ！
数多くの「小組」を新設し自らが直接指揮できる体制にしました
外された！
中央国家安全领导小组
中央对台工作领导小组
中央财经领导小组
中央国家安全委员会
中央全面深化改革领导小组
中央网络安全和信息化领导
中央军委深化国防和军队改
钓鱼岛应变小组
中央统一战线工作领导小
なぜ習近平は権力集中ができたのか？
太子党※の盤石の支持と…
※太子党：共産党幹部の子弟グループ
もう一つは、国民の間で絶大な人気があるから――
習大大！
キャ！
習大大！
我愛你
なぜ習近平は人気があるのか？
私は最初から好きじゃなかったけどね…
一つは容姿
中国人の目にはあの顔は「誠実」そうに見える
えっ〜！胡錦濤の方がマジメそうに見えるけど
日本人
無表情で冷たく利己的に見える
胡錦濤はまったくの不人気でした
10年も胡錦濤の無愛想な顔を見ていたから、習近平が超イイ人に見える〜！

もう一つの人気の理由は「家族」――
父・習仲勲は硬骨漢だった
文革で苦労したから息子も庶民の気持ちがわかるだろう
妻は国民的人気歌手 中国版紅白歌合戦の常連 彭麗媛
2番目の妻だけどね！最初は駐英大使の娘と結婚したけど反りが合わずに離婚
一人娘はハーバード大学に留学した才媛 習明沢
習近平が国家主席になった時――
娘をアメリカに行かせているらしいぞ
「愛国」を語る資格があるのか？
娘よ 帰国して父さんの仕事を手伝ってくれ
いいわよ 良いアイディアがあるわ
習明沢は公の場には姿を見せませんでしたがこんな写真がネットで公開されました

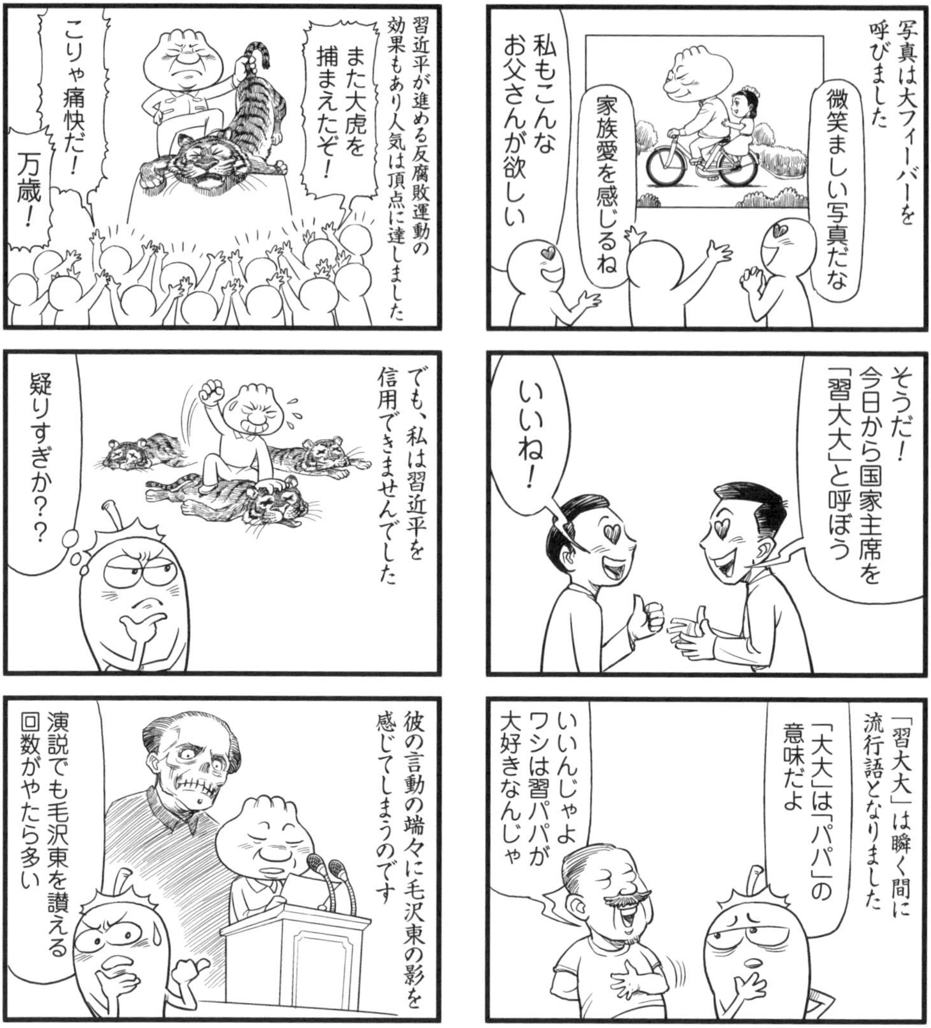
写真は大フィーバーを呼びました
微笑ましい写真だな
家族愛を感じるね
私もこんなお父さんが欲しい
そうだ！今日から国家主席を「習大大」と呼ぼう
いいね！
「習大大」は瞬く間に流行語となりました
「大大」は「パパ」の意味だよ
いいんじゃよ ワシは習パパが大好きなんじゃ
中国にまた新しい「国父・国母」が誕生しました
孫文夫妻
大大と呼びなさい！
私たちが本当の親よ！
毛沢東夫妻
習近平夫妻
習近平が進める反腐敗運動の効果もあり人気は頂点に達しました
また大虎を捕まえたぞ！
こりゃ痛快だ！
万歳！
でも、私は習近平を信用できませんでした
疑りすぎか？？
彼の言動の端々に毛沢東の影を感じてしまうのです
演説でも毛沢東を讃える回数がやたら多い
外国での演説で――
中国は約束する 第一に、革命を輸出しない 第二に、飢餓や貧困を輸出しない 第三に、あなた方に迷惑かけない
〝国内〟は別ってことでしょ

日本の肉まんも美味しいですが中国の包子は具の種類がたくさんあって超オススメです
上海で売っている椎茸豆腐干野菜饅は最強です

第5話 ネットの独裁者

今回は、習政権のネット統制術を読み解きます
中国
ネット時代が到来した時改革への期待が高まりました
最悪だ 秘密がモロ見えじゃないか!
中国も民主化されるぞ
みんな来なよ!
私も精力的に風刺漫画を描きました
漫画こそが一党独裁を倒す武器だ
さっさと倒れろ
でも、それは楽観しすぎでした…
ネット上でも逆らう奴は全員逮捕だ!

※オーウェル『1984年』の中のセリフ

昔の共産党はネット音痴でした
若者向けの訓話が出来ました
よし！ネットにアップせよ
若者には全然受けませんでした
何コレ？
共産党最高！
自画自賛キモっ！
バカなのか？
反政府知識人がネット人気を独占しているじゃないか！
お前ら、ほんとに使えないな！
中宣部
新華社
中央電視台
パパ私に任せて！
若者の心を掴んで「権力の犬」にしてアゲル
※
※習近平の一人娘・習明沢
まず人気者を黙らせるわ
パパ、あいつを尾行して
おう！それなら我が党の得意技だ
人気ブロガーの薛蛮子が買春してる現場を押さえました！
よし！テレビで晒し者にしろ！
政府の悪口を言ってすみませんでした皆さんは真似しないで…
中央電視台
まさか薛蛮子が買春とは…
でも、買春と政府批判は関係ないだろ！
その後も人気ブロガーが何人も「テレビ裁判」で晒し者にされました
最近、微博での政府批判が減ったよね？
テレビ裁判が怖いからもうやらないよ…

次は共産党のシンパでネットを独占するわ！
娘よ、何か良い方策があるか？
この2人の若い作家を使って！
周小平
花千芳
パパにはわからないでしょうけど若者は彼らが書くような文章が好きなのよ！
わかったよ
お前たちは時代遅れだ！今はこういう若手が流行りなんだ！
中宣部
新華社
中央電視台
毛沢東は1942年に延安で「文芸座談会」を開催しました
文芸座談会
文芸創作は党の方針に従わなければならない！
毛沢東時代は作家たちも従順でよかったな〜
いい考えがあるわ パパも〈文芸座談会〉を開いてよ
本日の文芸座談会に有望な若手を招きました
あなた方のポジティブな作品に期待します
習大大が直々に激励するとは！
信じられない！周や花の作品はめちゃくちゃ低レベルなのに…
政府に都合が良い内容を書くからだよ！

周小平は一躍スターダムにのし上がりました
アカウントは登録することができません
周を批判したらIDが全部削除された！
バックに習近平が付いているのさ！
周小平の文章はデタラメばかりです
薛蛮子が書いた水質汚染の捏造記事のせいで、無数の帯魚※養殖家が破産した！
薛蛮子
え？何それ…
※タチウオ科の魚で中国でよく食される
笑わせるよハハハ！
私は深海魚だから養殖なんてムリですよ！
うっ、知らなかった…
ネット民は周小平を「周帯魚」と呼ぶようになりました
大大、あいつらボクをいじめるんだ…
周
よし！いつか目にモノを見せてやる…
周小平は多くの〝愛国者〟に支持されています
周サマってステキだわ〜
俺も小平が好きだ！愛国心のない奴らは最低だ！
周の文章は民族主義を刺激します
中国は強大だ！
もはや米国にも負けないぞ！
日本なんてカスだ！
今や「中華帝国」のナショナリズムが全土に満ちています
私が生きているうちに君が天下に君臨する姿を見たい！
中国
私が生きているうちに君が天下に君臨する姿を見たい！
なぜこれが〝愛国者〟の合言葉となったのか？それはある漫画が出現したからです…

「那年那兎那些事儿」（その時、その兎、その出来事）は国家を擬獣化した漫画です
作者・逆光飛行
〝世界史萌え〟は絶対ウケる！
中国は兎キャラ
可愛い外見だけど
じつは〝腹黒〟という設定
表向きは挫折の連続でも
裏ではこっそりと甘い汁を吸っている――
他の国もみな擬獣化されました
ドイツ
フランス
韓国
北朝鮮
イギリス
ベトナム
パキスタン
日本
中華民国
アメリカ
ロシア
インド
※日本は「盗人」キャラ
この漫画がヒットすると…
フーン、これ使えそうね
小平、お金を出すから
すぐにアニメ化しなさい！
了解です!!
周
このアニメでは
中国はつねに悪い外国に
イジメられる「被害者」
日露戦争
凶悪な北朝鮮に加勢して
戦った朝鮮戦争は
正義の戦争として
描かれます
打倒米帝！
祖国のために突撃！
このアニメは大ヒットとなり
多くの少年たちを洗脳しました…
盲目的な愛国心と
西側諸国に対する憎悪を
植え付けたのです
I ♥ CHINA

洗脳された若者は天安門事件の後に生まれた
天安門事件って何？
学校で習わなかった
パパはそれを聞いちゃダメだと言った！
いつも西側文明を享受しているにもかかわらず…
COFFEE
STAR WARS
西側諸国を敵視しています
米国と一戦交えよう！
対米戦のためなら一年分の給料を寄付する！日本を倒すためなら命だって捧げる！
彼らはまるで100年前の清朝人のようです
新・義和団結成！
打倒米帝！
日本製品排斥！
coffee
香港の「雨傘革命」を多くの有名俳優が応援しました
トニー・レオン
チョウ・ユンファ
アンディ・ラウ
チャップマン・トウ
アンソニー・ウォン
洗脳された若者たちは大反発しました
非国民スターを許すな！
大陸での芸能活動を禁じろ！
香港に強制送還しろ！
中国
彼らは「壁越え」して欧米スターのFacebookにも抗議しました
ファンだったのになぜダライ・ラマを支持したんだ？
二度と中国に来るな！
娘よ作戦成功だな
ネットも若者ももはや完全に党の支配下だ！

中国で洗脳されないで生きていくのは本当に難しい
日本は信じられないくらい自由で平和な国です
本当のファシストはこっちにいるよ
政治家は自分の資産を公表するべきだ！
打倒ファシスト！
さようなら戦争
NO!
NO WAR
PEACE
戦争させない
平和！
9条壊すな！
戦争させない
9条壊すな
たまに政治的立場が近い友達と知り合えることもあるけど…
よし！同志が一人増えた！
我々のグループも大きくなったぞ
あまり楽観視しない方がいいよ…
相対的に見れば我々は少なすぎるんだから…
GFWの城壁はどんどん高くなっています
もう乗り越えるのは不可能だ！
政府に監視されていることに疑問を持たない若者も多い
Google? 百度で充分さ
微博はいいね Twitterなんか使うもんか
优酷はサイコー！ YouTubeイラネ！
閉鎖的空間の中で、徐々に知性や好奇心が死んでいきます
劣った外国に学ぶことなんてない
政府の言うままに生きてりゃいいさ…
中国の暗黒の夜はまだまだ続きそうです…

次の回から辣椒がパワーアップします
スクリーントーンの使い方を
覚えました
お楽しみに！

第6話 恐るべきマトリックス

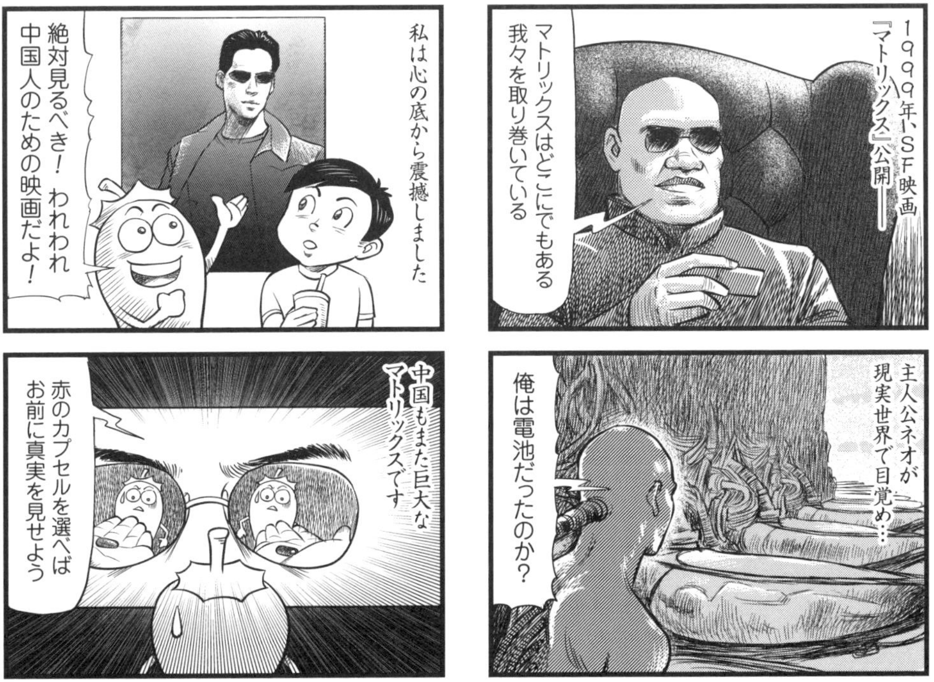
1999年、SF映画『マトリックス』公開――
マトリックスはどこにでもある 我々を取り巻いている
私は心の底から震撼しました
絶対見るべき！ われわれ中国人のための映画だよ！
主人公ネオが現実世界で目覚め…
俺は電池だったのか？
中国もまた巨大なマトリックスです
赤のカプセルを選べばお前に真実を見せよう

私は気づきました
この国の「巨大な嘘」に…
マトリックスに取り囲まれているのです
真実を知るのはある意味で苦痛です
お前たちは奴隷だ！
いつか必ず脱出するぞ…
最近、妻とおしゃべりしているとき…
そんなに『マトリックス』が好きなの？
中日関係を連想させるからね
反日教育も洗脳だってことね？
物心ついたとき、すでに日本を恨んでいたものね…
え？ 子供の頃は中日関係は良好だったでしょ？
私はあなたより11歳も若いのよ！おじさん世代のことなんか知らないわ
うっ、年齢のことは言わないで…

毛沢東の「運動」によって中国人は
ずっと混乱させられてきました
私が生まれる前年（1972年）
日中は国交を正常化しました
田中角栄
毛沢東
周恩来
「大躍進」で平和な時代に
3000万人以上が餓死しました
农業大跃进 亩産超萬斤
毛沢東が死ぬと
やっと改革開放が始まりました
国門
門が錆びちゃったよ！
国外は恐いのかな？
「文化大革命」では、知識層が
追放され、社会が停滞しました
文革は素晴らしい！7、8年経ったらまたやろう！
反革命修正主义分子
打倒大叛徒
学校では中国は
楽園だと教わりましたが…
台湾の可哀そうな同胞を解放しよう！
皆さん、資本主義社会は困窮してるので解放してあげましょう！
中国は貴重な30年を
浪費してしまったのです
日本
台湾
韓国
中国こそが困窮していると
わかりました
資本主義はこんなに豊かなのか！

80年代初め、日本製カラーテレビは大人気でした
外に出してみんな一緒に見よう!
テレビがある隣家にみんなで押しかけました
山口百恵、きれいだね
三浦友和、かっこいい!
隣家の人が追いだそうとしても…
あの〜そろそろ寝たいんだけど…!
…
おやすみなさい!見終わったら消しときます
だいぶ厚かましくなりました
むかしは共産党を称える映画やドラマしか見られませんでした
西洋映画はわれわれ高級幹部だけが見られるのだ!
日本のコンテンツは、まさに砂漠に浸み込む水のようでした
外国映画第1号は『追捕』(君よ憤怒の河を渉れ)
高倉健と中野良子は中国のアイドルになりました
中野良子の訪中は熱烈に歓迎されました
今でも日中友好の使者として人気があります

天安門事件で社会情勢が不安定化したとき…
江沢民
共産党の威信が低下してます
愛国教育を徹底的にやれ!
怒りの矛先を共産党以外に向けさせろ!
もっとも使い勝手のよい敵役は…?
日中友好
ODA
日本!
え? 呼んだ?
日中友好
OD
反日教育は幼稚園から始まります
みんなで唱和しましょう!
三日目、日本鬼子がやって来て、鶏を奪って、鴨を奪って、そして二発ビンタした
四日目、解放軍がやって来て、鶏を取り戻して、鴨を取り戻して、赤いお花をくれました
抗日をテーマにした絵画のコンクールもあります
抗战胜利70周年儿童画比赛
钓鱼岛
教育を受ける前は子供たちはきれいな白紙です
幼稚園
大学を出る頃には汚いインク跡でいっぱいです
打倒美帝
民族主義
一定要打到東京去
反日
愛国
抵制日貨

反日教育には多くのバリエーションがあります
漢字の勉強でも反日教育は可能さ！
え？どうやって？
照
北京のある有名公立小学校では――
この漢字を歌をつかって覚えましょう！
照
一人の日本人が
一本の刀を持って
一人の人を殺して
四滴の血が流れたよ
照
覚えやすいでしょう？
なるほど！
日本人は悪者だね！
もう覚えました！
中国では、ほぼ毎日抗日ドラマが流れてます
抗日奇侠
起打鬼子
満山打鬼子
鉄道游撃隊
日本鬼子を倒せ！
抗日をテーマにしたゲームもいっぱいあります
亮剣
抗戦
保卫钓鱼岛
山東省のある公園では「日本鬼子」を水鉄砲で倒すサバイバルゲームが人気です
山西省のある公園では「釣魚島防衛」のラジコン大会をやっています
钓鱼岛 我们来巡逻
每10分钟 10元

私は日本軍国主義を批判しているだけ…日本人への憎しみは煽ってません
これは反日コンテンツ制作者の常套句です
ある親中派の日本人が貧しい山村に学校を寄付しました
でも、その日本人が学校を訪ねると…
日本鬼子は出て行け！
打倒小日本！
いったい学校では何を教えているのでしょう？
なぜ日中友好を教えてくれないのか？
共産党の洗脳で多くの中国人が反日になります
彼らは共産党の「政治的電池」なのです
中日宣战 血洗东京
小日本滚出中国！
钓鱼岛是中国的！向日本宣战！
反日パワーは日本人にとって非常に危険です
暴れているのは警察署の署長じゃないか？
そして、じつは共産党にとっても…
あのパトカー日本車じゃないか？
ぶっ壊してやるか？
やっちまおう！
公安
警察
POLICE

愛国主義と反日教育は今も継続中です…
南京大虐殺世界記憶遺産
登録成功を皆で祝おう!
歴史を永遠に銘記せよ!
血と涙の記憶を忘れるな!
でも、反日マトリックスにも崩壊の兆しが…
旅行
こちらです!
日本の粉ミルクと紙オムツは安心だわ
やっぱり日本の炊飯器はいいわね!
日本のマンガとアニメは最高!
炊飯器
粉ミルク
粉ミルク
日本って素敵だね
みんな親切だし…
わたし〝漢奸〟になっちゃうかも!?
らーめん
入口
私の従弟はむかし反日青年でした
日本は悪い国だ!中国こそが正義だ!
すっかり洗脳されて話し合いが成立しない…
ところが数年後彼はすっかり親日家に…
え? 日系企業で働いているの?
この前も東京へ出張してきたんだ
日本では自由にネットを見られるから…
共産党のウソにようやく気づいたよ…
日本のソフトパワーで中国のマトリックスを破りましょう!
私も頑張ってマンガを描くぞ!

日本でもっとも好きな点は
みんなとても親切だということ
道案内のために
わざわざ歩道橋の反対側まで
一緒に来てくれた

抗日
遊撃隊

第7話 抗日神劇のウラ

今回は抗日劇を紹介します
抗日劇
中国特有のジャンルです
2014年末の集計ではTVドラマの半分が抗日劇でした
現代劇
歴史劇
抗日劇は、中国が日本の侵略戦争に抵抗するストーリーのTVドラマです
視聴率トップ10に、抗日劇が4作品もランクインしました
日本鬼子をやっつけろ！

なぜ抗日劇がこんなに多いのでしょうか？
中国政府の番組内容に対する規制がとても厳しいからです
規制が多すぎて撮れないよ…
監督
プロデューサ
脚本家
ただひとつの題材だけが、自由に撮れるとわかってきました
おい、こっちに来いよ！
抗日題材
制作者たちは、宝の山を見つけたのです
抗日劇なら暴力もエロも全部OKだ！
それなら視聴率も取れるぞ！
抗日劇は安全で儲かるビジネスです
視聴率9％！利潤は300％だ！
普通のドラマの7～8倍は稼げるぜ
政府も抗日劇を奨励しています
愛国的でよろしい！心おきなく儲けなさい
視聴者も抗日ドラマを支持しています
演出が派手で面白い
ストーリーも勧善懲悪でわかりやすい
政府・制作者・視聴者の三位一体により、抗日劇は不動の地位を築いたのです
抗日

普通なら許されない演出も
抗日劇なら問題ありません
もっと暴力を増やせ
視聴者を喜ばせろ!
監督
脚本家
たとえば「抗日奇侠」(2010〜12年)
という人気シリーズでは…
武器が効かない?
奇侠たちは超人的な力を持ち
日本兵は全く相手になりません
有名な暴力シーンは
日本兵を素手で
半分に引き
裂くところ…
抗日劇の特徴は
主役が超人的な戦闘力を
持っていること
「利箭行動」(2012年)では
銃を持った十数人の日本兵を
飛刀で一瞬にして倒します
ありえない!
戦場では一人の
日本兵を倒すのも
大変だったんじゃがのぉ…
とりわけ荒唐無稽な作品を
ネット民は「抗日神劇」と
呼んでいます
抗日神劇

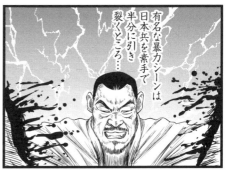

「神槍」（2012年）では
とんでもない技が…
弾丸を曲げるには原理がある
弾丸が銃身から出るその刹那に…
腕を素早く動かし…
弾丸に水平方向の
加速度を与えるのだ！
それにより
弾道が弧を描く
これこそが…
銃闘術だ！
まさに神技！
「満山打鬼子」（2014年）では
パチンコを持った子供たちが
日本軍と戦います
制作者に、子供を戦争に
参加させることへの
躊躇は一切見られません
パチンコから発射された石ころが
日本兵の身体を貫通します
最大の山場で
巨大パチンコが登場します
あの汽車を
爆破してやる！

「永不磨滅的番号」(2011年)では
主人公が手榴弾で戦闘機を撃墜します
人気脚本家の馮驥は…
私は「聖闘士星矢」を見て育ちました
「ワンピース」も大好きです! だから…
「箭在弦上」(2012年)では
爆発と共に上空に飛翔した女性が弓矢で日本兵を殲滅します
彼が書いた抗日劇「燃焼」(2015年)には「ワンピース」ネタがいっぱい
「鉄道遊撃隊」(2015年)では
自転車を武器にして日本軍を圧倒します
主演の張桐
この役を演じる自信があります! 私は「ワンピース」に詳しいですから!
ネット民も呆れています
こんな超人を相手に日本軍も大変だったわね
なんで中国は8年間も勝てなかったの?
抗日劇は、日本のマンガを真似て作られているのです
本当に泣き笑いするしかない組み合わせですよね!

普通のドラマでは
キスシーンすら滅多に見かけません
ダメ!
女性の格好も
保守的なものが多いです
胸は絶対露出しては
いけません!
ところが抗日神劇では……
なんで彼女はハイレグ
水着で戦っているの?
細かいこと、言わないの♥

SMまがいの抗日神劇まで
作られました
「犠牲」(2015年)
この作品には、数々の
猟奇的エロシーンがあります
特に話題になったシーンは……
将軍がお前の脚を
お気に入りになられたぞ!
本当に変態です……

２０１５年、ネット民の間で最も話題になったのは「一起打鬼子」
ヒロインが監獄に捕らわれた恋人を訪ねます
最近の抗日劇は時代考証もメチャクチャ
「孤島飛鷹」（２０１３年）には最新の全地形対応車が登場
彼らは日本兵の面前でラブシーンを演じます
来て私を触って
登場人物は全身レザースーツどう見ても現代ファッションです
最後に、なんとヒロインのズボンの中から手榴弾が……！
もう一回やろう！
いいわよ！
これは抗日ドラマなのでしょうか？
それとも『マッドマックス』？
もう神劇には免疫ができたと思っていたけど
これにはやられた！〝神シーン〟過ぎる！
天皇陛下、私の努力が足りなかったわけではありません
本当に中国軍の装備がスゴ過ぎたんです

抗日神劇のトンデモぶりに
中国国内でも批判の声が
上がり始めました
人民日報
許容範囲を超えている！
共産党もさすがに
見過ごせなくなって来ました
抗日戦は
厳粛なものだ！
娯楽化しすぎてはダメだ！
お前たちは歴史を知らなすぎる
最低限の
時代考証は
守りなさい
中国歴史
いちばん歴史を偽って
いるのは共産党だろう
大躍進、文化大革命
天安門事件…
すべて無視か
歪曲されているよ
中国歴史
そもそも抗日戦の主力となったのは
蒋介石の国民党軍です
毛沢東の共産党軍は
日本軍と国民党軍が戦っているのを
コソコソ見ている感じ
おっと
手元が狂った！
ところが2015年に制作された
映画『カイロ宣言』では…
开罗宣言
なぜ毛沢東が⁉
カイロに行ったのは
ワシなのに
世界の失笑を買いました
共産党の自己正当化と
愚民化政策が続くかぎり…
抗日神劇も作られ
続けるでしょう

私がもっとも注目している日本人タレントは、大食い女子の木下ゆうかさん
木下さん、大ファンです～❤

第8話 抗日映画の憂鬱

映画には悪役が必要です
『ブラック・レイン』
松田優作
よっ、名悪役！
抗日映画にも「日本鬼子」を演じる日本人俳優がいます
矢野浩二
渋谷天馬
三浦研一
塚越博隆
日本人俳優たちはどんな気持ちなのでしょう？
気になる…
中国メディアに興味深い記事がありました
娱乐新闻
ちょっとご紹介します

塚越博隆は大雪の行軍シーンで——
馬から飛び下りて村の女性を強姦しなさい
監督
ありえないですよ！こんなに寒いのに
あの時代の日本人はやったんだ！
さっさと脱げ！
寒くて尻が凍りそうだ…
日本兵だって生身の人間なのに…
もはや人間扱いされていない
撮影の合間も気が休まりません
おい日本鬼子！中国人民に謝罪しろ
拘束された日本兵を演じた時は…
小日本鬼子！
助けて…
日本兵は殺してやる！
おお、迫真の演技だ
あんな役者いましたっけ…？
??
監督
大変だ！一般人が紛れ込んでいる
あやうく殺されそうになったそうです

三浦研一は、抗日女傑の趙一曼を処刑する将校を演じることに——
脚本
よし、将校の内面を理解して、役作りしよう
女傑を処刑する葛藤を表現しなければ…
カット! ムダな芝居はいらないよ
日本兵は悪魔だから嬉々としてレバーを引くんだ
矢野浩二は、中国のバラエティ番組の司会もする人気者
I❤U
駆け出しの頃、抗日映画をたくさん見て研究したそうです
地道戦
鐵道游撃隊
地雷戦
小兵張嘎
すぐに一つの原則があることがわかりました
抗日英雄
日本鬼子
善玉か悪役かは一目でわかる
凶暴で残酷な日本兵しか求められてないんだな…

矢野に珍しく人間味のある役柄が巡って来ました
共産党のスパイになって日本軍に潜伏する役だよ
脚本
矢野演じるスパイは日本兵に見つかり拷問に――
仲間の居場所を吐け！
口を割らなかった彼は当然処刑されることに――
善玉でも、結局日本人は殺される役しかないんだな…
4人の俳優たちは、一部の日本人から批判されています
もう日本兵を演じないで…
私たちも悩んでいるんです
偏見を打破しようと努力してます
少しずつですが監督たちも変わってきています
戦争の悪を伝えるためには悪役を演じる人も必要です
でも、日本兵も同じ普通の人間であることを伝えなければ意味がありません

脚本家
いかに日本兵を悪辣に描くかが大事です
日本兵を演じる時はいかにバカで弱く見せるかが勝負です
俳優
監督
いかに派手にスカッと日本兵を殺すかが腕の見せ所だよ
中国電視劇導演協会副会長
人民のストレスのハケ口が必要だ
駄作ばかりなわけだ
有名監督の徐紀周は初めて抗日ドラマを作る時――
開始
衝突1
衝突2
結束
よし、オレは史実を踏まえた作品を撮るぞ
日本軍の勇猛さと中国軍の臆病さも描いてくれ
徐紀周
脚本家
わかりました
脚本は80ヶ所も修正を入れられました
日本軍の長所は描くな！中国軍の短所もダメだ！
これじゃあ、抗日作品は奥行きが出せないわけだ…

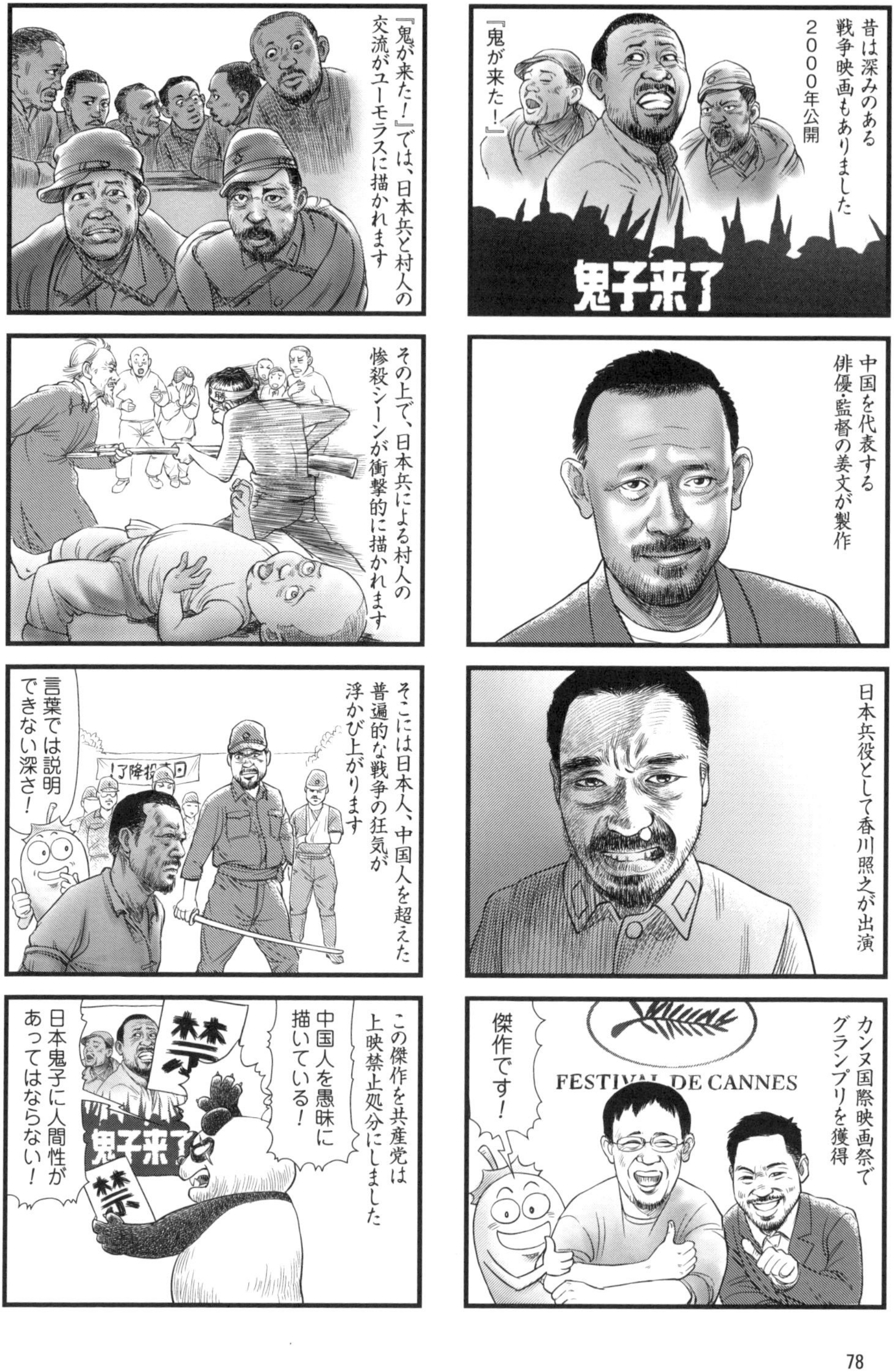

昔は深みのある戦争映画もありました
2000年公開
『鬼が来た！』
鬼子来了
中国を代表する俳優・監督の姜文が製作
日本兵役として香川照之が出演
カンヌ国際映画祭でグランプリを獲得
FESTIVAL DE CANNES
傑作です！
『鬼が来た！』では、日本兵と村人の交流がユーモラスに描かれます
その上で、日本兵による村人の惨殺シーンが衝撃的に描かれます
そこには日本人、中国人を超えた普遍的な戦争の狂気が浮かび上がります
言葉では説明できない深さ！
この傑作を共産党は上映禁止処分にしました
中国人を愚昧に描いている！
日本鬼子に人間性があってはならない！
禁
鬼子来了
禁

さらに物議を醸した映画もありました
2009年公開
南京！南京！
戦争は常に相手があるもの
陸川
片方の視点だけでは戦争の本質に迫れない
新進気鋭の陸川監督が日本兵の視点で南京事件を描いた映画です
中国人だけではなく世界中の人に通用する作品を作りたい
日本人にもぜひ見て欲しい
日本兵による虐殺やレイプシーンの一方で良心的な兵士たちの葛藤も描かれます
『南京！南京！』は中国の主要な映画賞を一つも獲得できず
南京！南京！
日本での一般公開も実現せず
善良な主人公の自殺を巡って論争が起きました
こんな日本兵がいたはずはない！
日本人は〝獣兵〟だったはず!!
白黒はっきりした作品だけでは、平和に貢献しないと思います

抗日映画の元祖は『風雲児女』
風雲児女
1935年の大ヒット映画
満州事変後に抗日に立ち上がる若い男女を描いた作品です
そして今の中国の国歌『義勇軍進行曲』はこの抗日映画の主題歌です
義勇軍進行曲
起
来! 不愿做奴隶的人们! 把我们的血肉,
筑成我们 新的长城! 中华 民族
到了 最 危险的时候, 每个人被迫着 发出
抗日ソングが国歌!?
抗日はまさに中国のアイデンティティ
日中友好は不可能なのか…
日本の皆さん絶望するのはまだ早いです
義勇軍進行曲の歌詞には「敵」とあるだけで「日本」とは書いていません
私の子供の頃は、「敵」とは台湾の国民党のことだと思って歌っていました
（1980年代前半は日中関係の蜜月時代…）
未来の子供たちの「敵」はどこ?
日本?
安保法案
ロシア?
アメリカ?
イスラム国?
20××年
民主革命成功!!
義勇軍進行曲
共産党一党独裁打倒!
もしかしたら共産党かも知れません

うちの奥さんがもっとも好きな日本人俳優は吉永小百合さん
いつまでも美しいわ年齢を超えるタイムマシンを持っているみたい

タイムマシン

Japan
China
習パパ大好き
新日本 大好き!
新日本 頑張れ
I WANT YOU
FOR NEW JAPAN

第9話 ファシストは誰か?

前にも書いた通り私は日本の民主主義に感動しました
日本××党
日本××党

アベ自民でいいんですか!? 今こそ××党の出番です!
絶対サシコ
いや、マユユだろ
日本××党
AKB48
AKB48

一方で、日本人があまり選挙に関心がないことに驚きました
開票速報
衆院選挙投票率
52.66%
たったの半分!?

私が中国で命がけで求めていたものとは…
民主主義ってなに?
民主主義ってこれだ!

民主主義ってこれだ!
ああ、これだよ これ!
打倒アベ!
ファシストを許すな!
アベ、やめろ!
なぜアベ首相をヒトラーと呼ぶの?
戦争法案を通すなんてファシストだからだ!
アベヒトラ
でも、集団的自衛権は中国も韓国も台湾も持ってますよ なぜ日本だけダメなんですか?
……?
そ、そういう問題じゃない!
アベ首相がクーデターを起こしたからいけないんだ!
クーデター? どこが?
だって、我々の民意を無視しているだろ!
アベヒトラ
アベやめろ
でも中国の脅威に少し備えた方がいいのでは…
中国夢
極悪なアベに比べれば習近平なんて人畜無害さ!
中国共産党の恐ろしさをまったくわかってない
仕方がない…
習近平を召喚!

総理、デモ隊をどうしましょう
とにかく絶対に怪我させるな俺のクビが飛ぶ
さっさと戦車を集めろ!
えっ!?
よし、突撃しろ!
大変だ!戦車が出てきた!
落ち着け!国民に発砲するわけないだろう
よし、撃て!
容赦なく轢き殺せ!
ギャ!
助けて
これが本当のファシストさ
……

両院連合特別大会
日本国憲法を改正します!
よし、増税するぞ
でも、支持率が…
新憲法でも主権はもちろん国民にあります
そして、国民を代表するのは常にわれわれ共産党です
では、軽減税率を…
ちっ、日本の政治家はどいつも使えないな
えっ、選挙で決めないんですか?
ああ、選挙ねやればいいんだろ
んっ!? アイツは使えそうだな!
なんで、共産党の候補しかいないんじゃ?
共産党
共産党
共産党
共産党
共産党
共産党
議会制民主主義というのは期限を区切って独裁を認めること

よし、次は国旗を変えるぞ
わかりました
新しい国旗は、共産党を象徴する日の丸の下に日本国民が一致団結することを表しているのだ
国歌も暗いなもっと勇ましい曲に変えるぞ
わかりました
君が代
君が代は
千代に八千代に
細石の
巌となりて
苔の生すまで
義勇軍進行曲
やっぱりこれだよ!
よし、日米同盟を破棄して中国と交渉しろ
はっ、日中同盟を結ぶんですね!
バカ!「同盟」ではなく「朝貢」だろ!
えっ?
それなら私にお任せを!私には実績があります!
尖閣諸島をお返しします

在日米軍の撤兵が完了しました!
うむ
おきなわ 新構想
今まで治安や騒音・環境問題で大変だったでしょう もう悩まないで大丈夫
ありがとうございます
おきなわ 新構想
さあ、早く引っ越しの準備をしなさい
えっ?
沖縄県全島基地化法案
すべての土地を無補償で接収し人民解放軍に無期限で貸与する
日本のネット世論
沖縄を返せ!
国旗国歌も戻せ!
日本の国土と伝統を守れ!
対中従属、反対!
媚中派を一掃せよ!
ネット世論が大変なことに! ネットを遮断しますか?
バカ! ネットの使用は国民の権利だろ!
むしろネットを使用する国民を保護する政策が必要だ!
私は国民をネットの「有害情報」から守る!
麻薬や銃を規制するのと同じだ!

今の政権は横暴すぎる
権力を監視しなくては
今こそ報道の力を見せよう
テレビ朝日
フジテレビ
日本テレビ
TBS
フン、新憲法に基づき全員クビにしろ!
わかりました
んっ、待て! アイツだけは残しておけ
なかなか見識があるようだ
政府が「右」と言っているのに 我々が「左」と言うわけにはいかない
今日で報道ス●ーションも終わりです
I am not 習近平
フン、当たり前だろ! お前は俺じゃない
I am not 習近平
番組終了後——
これからもそれぞれの道で政府と戦っていきましょう
ええ、またいつかどこかでお目にかかりましょう
1週間後——
あっ!

5年後、日本併合――
諸君の努力のおかげでついに日本と中国は一つになりました
不満を持っているのは一部だけあとの日本人は政治には無関心です
習主席の言った通りになりましたね
最近、何だかおかしくね?
考えすぎだよそれより総選挙に行こうぜ
AKB48
パチン!
アベやめろ
……うっなんだかすごい悪夢を見たような…
アベやめろ
おい、デモで踊ろうぜ!
……いや、大学に戻って歴史と政治の勉強をするよ
安倍やめろ!
国の将来を考えて行動するのは素晴らしいことです
でも戦う相手を間違わないようにして下さい
そして少しは中国人民の苦境に思いを馳せてくれると嬉しいです

2015年7月、こんな風刺漫画を持って
国会前の安保法制反対のデモに行きました
Freedom is not FREE
2015.7.31.
CHINA
恒久平和
アベやめろ
戦争させない
デモの参加者が激怒して
危うく「総括」されそうになりました

恒久平和

第10話 辣椒、台湾へ行く

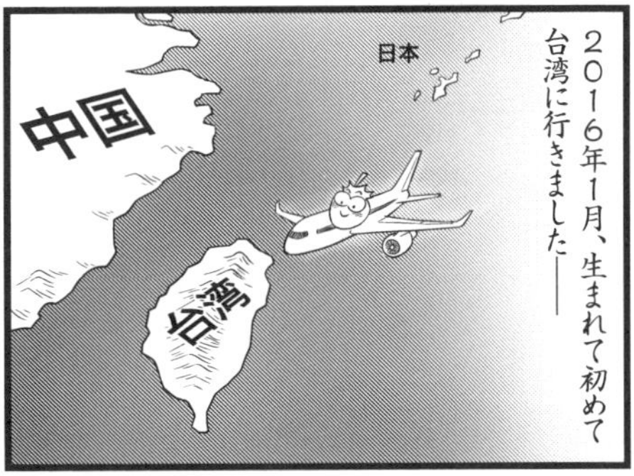

２０１６年1月、生まれて初めて台湾に行きました――
日本
中国
台湾

もちろん何より感動したのは――
初の女性総統が誕生する歴史的瞬間に立ち会えたこと!

多くの街角に道教の祠があるのに感動しました
おっ、ここにもある
中国では共産党が破壊してしまったからな…

今回は台湾の総統選についてレポートします
TAIWAN

小学校では、台湾は「悲惨な地域」と教わりました
一定要解放台湾！
貧困
腐敗
抑圧
国民党軍は逃げてばかりの卑怯者でした
共産党軍が日本軍を倒しました
历史
国民党は故宮の美術品も盗んでいきました
台湾ではなく、中国に生まれて良かったな…
騙された！
貧困・抑圧・腐敗・卑怯者・泥棒…ぜんぶ共産党のことじゃないか！
共産党の歴史歪曲に怒りを感じて来ました
統治のために意図的に人民を騙すなんて！
でもネットの記事を見て、事態はもっと深刻だと気づきました
中国人民抗日战争纪念馆
最新の歴史研究を活かした展示をしています
あれっ？ 日本が降伏した相手は共産党じゃなくて国民党なの？
受降儀
ええっ!?
まさか国家主席ですら本当の歴史を知らない――？
こんな歴史観ではいつか国を誤ることになるぞ

共産党は最悪ですが、じつは
国民党も似たり寄ったり——
毛沢東
蒋介石
大戦後、台湾の人々は国民党に
期待を寄せていました
日本人が出て行って
やっと中国人の統治が
回復するぞ
ところが国民党は台湾人を
徹底的に弾圧しました
228
一九四七年 二・二八事件
天安門事件と同じ!
台湾人はこう嘆きました
犬が去って、豚が来た
日本人はうるさいけど
番犬としては役立った
中国人は貪欲で汚いだけ
共産主義と資本主義の違いは
あれど、両岸は独裁的という
点ではほとんど同じでした
1980年代後半、世界に
自由主義の風が吹き始めます
要民主要自由
反官倒!
鄧小平
蒋経国
言論自由 新聞自由!
廢除戒嚴令!
ここで指導者の判断が
両岸の運命を大きく変えました
革新だ!
1987年、戒厳令解除。民主化へ——
弾圧しろ!
1989年、天安門事件。専制強化へ——

国民党は未だに「大統一」の夢を捨てられません
三民
義統一中国
中華民国こそが本当の中国だ
1992年、両党は「一つの中国」というコンセンサスに合意
九二共識
胡錦濤
連戦
「一個中国」共産党があるのみ
九二共識
「一個中国、各自表述」それぞれが中国を名乗る権利がある
両岸には「コンセンサスがない」というコンセンサスしかありません
台湾総統選の最大の争点は「対中関係」
九二共識を守ることが両岸の安定につながる
今は共産党の面子を立てておくのが得策だ…
国民党・朱立倫
九二共識なんてそもそも存在しない
台湾は独立路線を歩むべき…
民進党・蔡英文
中華民族が大団結する日が来て欲しいのう…
I ♥ 統一
中共と一緒になるなんて絶対イヤよ!
I ♥ 自由
民主進步黨
國民黨
私は断然、民進党支持
国民党からはプチ共産党の臭いが漂います

選挙戦は野党・民進党が終始優勢でした
台湾に光を灯す
LIGHT UP TAIWAN
點亮台灣
国民党は、共産党との親密さを必死にアピール
我々は最大の輸出先・中国との関係を重視します
国民党は目先の利益に目が眩み大局を見失っているようです
自由とお金どっちが大切なんだ
共産党が不倶戴天の敵だということを忘れたのか！
ジャニーさんに謝る機会を木村くんが作ってくれて今ぼくらはここに立てています
上意下達
序列絶対
分派独立禁止
ジャニーズ事務所と共産党は似てるかも…
でも、私がもっと衝撃を受けたニュースは…
ありえない！
SMAP謝罪会見の3日前——
中国は一つです
両岸の人々の心を傷つけたことを心からお詫びします

周子瑜は台湾人
韓国の多国籍アイドルグループ「ＴＷＩＣＥ」の中心メンバー
周子瑜（16歳）
周子瑜が韓国のテレビに出演した際――
台湾の旗を振ったのが問題視されました
うちの事務所が中国で稼げなくなったらどうするんだ！
台湾独立を唱えるつもりはありませんでした
所属事務所は周子瑜に公開謝罪を強要
彼女が中国で活動することを禁止しました
周子瑜謝罪事件には「黒幕」がいます
黄安（53歳）
黄安は台湾人の歌手
98年から、大陸を拠点に活動中
大陸で仕事と人気を得るために必死でアピール
私は台湾独立に反対です
我是反台独
不是反台湾
ここにも目先の利益に目が眩んだ輩がいるようです
仕事
人気

黄安の夢は、中国版紅白歌合戦「春節聯歓晩会」に出演すること
習近平夫人は常連でした
黄安は人気的にも実力的にも完全に圏外
俺が出場するには政治力を使うしかない…
黄安は台湾独立派をネットで告発する活動を始めました
濡れ衣だ!
その悪質さと執拗さはマッカーシーの赤狩りを連想させます
狂ってます
周子瑜も黄安の告発を受けて炎上しました
小娘が俺より人気があるなんて許せない
これで台湾独立派の民進党もダメージを受けるはず
共産党も俺を評価するだろう
逆に台湾ナショナリズムが燃え上がり、民進党に強力な追い風が吹きました
民進黨
蔡英文
黄安め! 余計なことを!
あの〜今年の「春節聯歓晩会」ですが…
出場させるわけないだろ!
ガチャン

黄安のような「密告屋」はいつの時代にもどこの国にもいます
造反有理!
ブルジョア発見!
反革命分子
黒帮分子 XXX
特にネット社会は人間の暗黒面が野放しになりがちです
ベッ[redacted]ー
不倫タレントを許すな!
スポンサーに圧力をかけろ!
SNSの会話記録も晒せ!
私も中国のネットで罵詈雑言を浴びています
反中媚日の漢奸め!
I♡CHINA
私は「反中・親日」ではなく「反専制・親民主主義」がポリシーです
目先の利益のために魂は売りません
台湾の選挙戦は、日本よりも数倍熱気がありました
蔡英文ガンバレ!
蔡英文 凍蒜!
民主主義って最高!
中国語も通じるし「同志」意識を強く感じました
蔡英文
投票行くぞ!
おーっ! 私も投票に行きます!
投票站
私には投票権がないんだった…
寂しい…

台湾で、同じように大陸から選挙を見に来た同胞に会いました
蔡英文が勝つと思いますか？
民主進歩黨
当然でしょ台湾人が一党独裁の中国との統一を望むわけない
蔡英文
ああ、中国でも早く普通選挙ができるようになって欲しいいな

投票箱

2016春节联欢 会

第11話 春節聯歓晩会の政治学（前編）

中国の正月は、新暦と旧暦の2回あります
Happy New Year！
2016.1.1.
過年好！
2016.2.8.
だから毎年、2回「明けましておめでとう」と言います

でも旧暦の正月「春節」の方が圧倒的に盛り上がります
うわっ、テロか⁉
爆竹だよ！
パ
パ
パ
パ
パ

春節には、家族で集まり伝統的なお祝いをします
1983年から、春節に新たな伝統が加わりました

「春節聯歓晩会」略して「春晩」——中国版「紅白歌合戦」です
今回は春晩の裏事情を紹介します

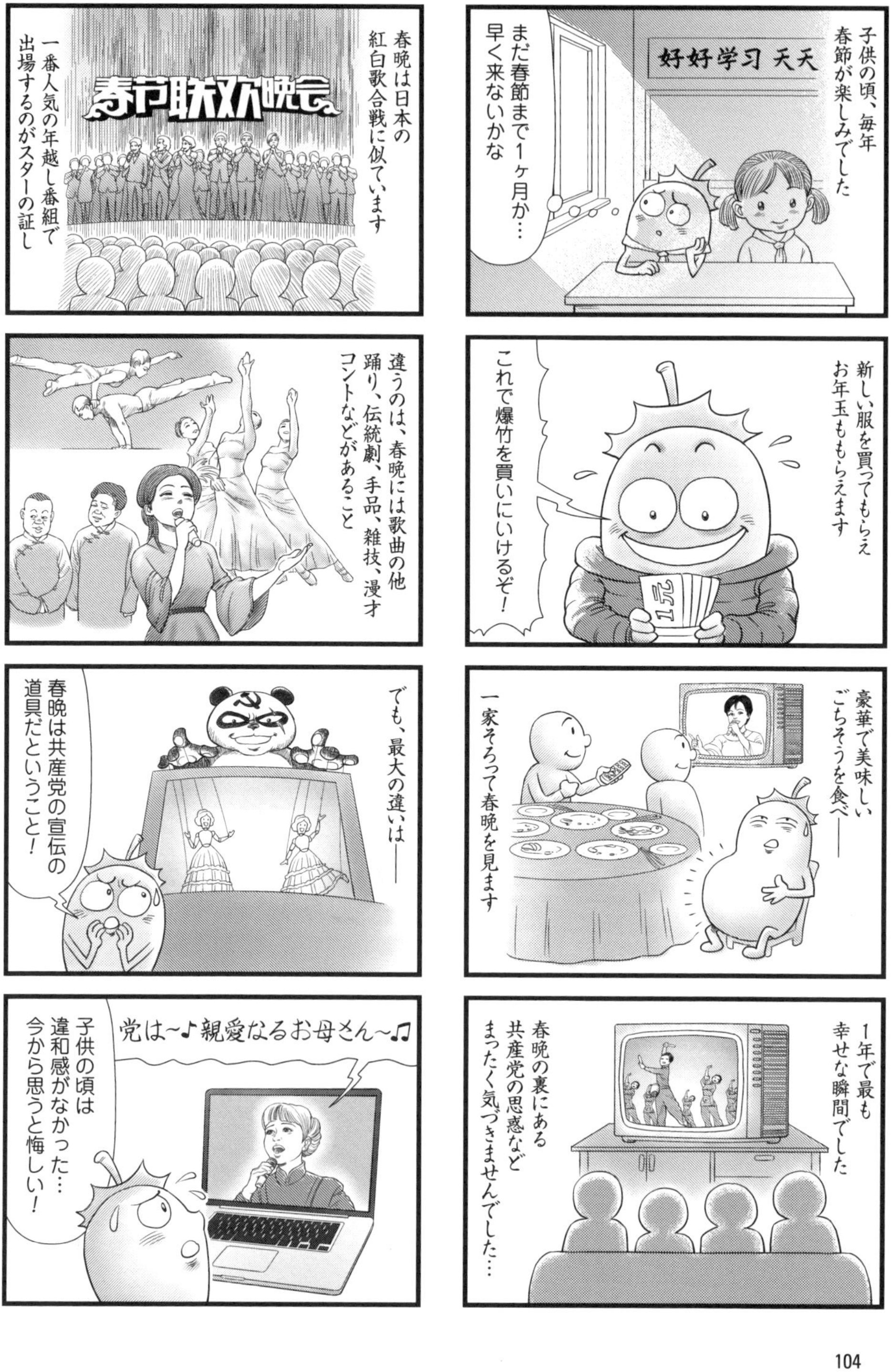
子供の頃、毎年春節が楽しみでした
好好学习 天天
まだ春節まで1ヶ月か…早く来ないかな
新しい服を買ってもらえお年玉ももらえます
これで爆竹を買いにいけるぞ!
1元
豪華で美味しいごちそうを食べ——
一家そろって春晩を見ます
1年で最も幸せな瞬間でした
春晩の裏にある共産党の思惑などまったく気づきませんでした…
春晩は日本の紅白歌合戦に似ています
春节联欢晚会
一番人気の年越し番組で出場するのがスターの証し
違うのは、春晩には歌曲の他踊り、伝統劇、手品、雑技、漫才コントなどがあること
でも、最大の違いは——
春晩は共産党の宣伝の道具だということ!
党は~♪親愛なるお母さん~♫
子供の頃は違和感がなかった…今から思うと悔しい!

今回のために、私は過去の春晩を全部ネットで見直しました
うわー、懐かしいな
でも、すぐに辛くなって来ました
1回5時間×34回……
だめだ、早送りしよう
時間の問題だけでなく、徐々に共産党の宣伝色が強くなるのが苦痛でした
うんざりする…
中でも2016年は最悪でした
習近平カラー全開…
過去最低だ！
怖い……
本当に愚かな
また文化大革命が来たの
ネットでも大荒れでした
1983年の第1回は素朴でした
みすぼらしいスタジオ！宣伝色もほとんどない
司会も出演者も平服で登場
総制作費はたった500元
今は司会が着ている服だけで数十万元します
4台の電話で、視聴者からのリクエストを受けていました
たった4台！
でも当時、自宅に電話を持っていたのは党幹部などほんの一握り
86.6787
86.6849
86.6925
86.7082
笑えたのが、その場でいちいち姓名・住所・電話番号を確認すること
昔はプライバシー概念がゼロ…

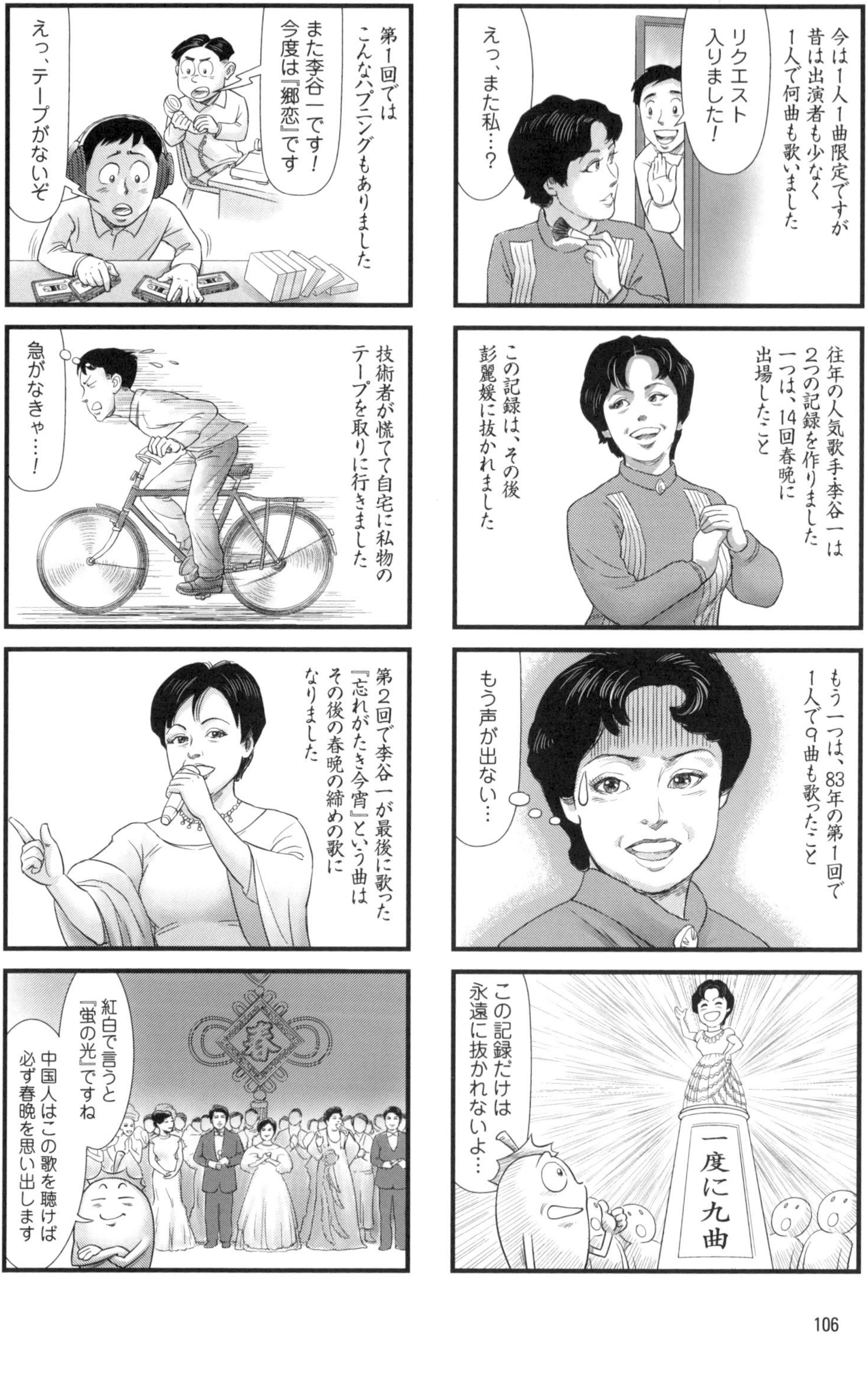
今は1人1曲限定ですが昔は出演者も少なく1人で何曲も歌いました
リクエスト入りました！
えっ、また私…？
第1回ではこんなハプニングもありました
また李谷一です！今度は『郷恋』です
えっ、テープがないぞ
往年の人気歌手李谷一は2つの記録を作りました一つは、14回春晩に出場したこと
この記録は、その後彭麗媛に抜かれました
技術者が慌てて自宅に私物のテープを取りに行きました
急がなきゃ…！
もう一つは、83年の第1回で1人で9曲も歌ったこと
もう声が出ない…
第2回で李谷一が最後に歌った『忘れがたき今宵』という曲はその後の春晩の締めの歌になりました
この記録だけは永遠に抜かれないよ…
一度に九曲
春
紅白で言うと『蛍の光』ですね
中国人はこの歌を聴けば必ず春晩を思い出します

春晩の入場チケットも高騰します
春晩入場券
絶対見たい！
…と言っても、本番のチケットは一般販売されません
VIP
特権階級オンリー（党幹部、官吏、大富豪…）
一般人は、リハーサルのチケットを狙います
中国人は商売上手です
春晩は何回も公開リハーサルをやるのが特徴です
チケット販売
春晩彩排 20,000
春晩彩排 20,000
ネット民の噂になっているのはこのヒゲ男――
毎年必ず観客席にいる！
教育関連会社の社長らしいぞ
大金を使っているに違いない
春晩の人気が高まるにつれ出場をめぐる争いも激しくなりました
無名の歌手でも一夜にして人気者になれる
春晩
大陸では無名だった台湾人の歌手・費翔は、１９８７年の春晩に出演した後、３０００万本もカセットが売れました
だから黄安のような輩も出てくるのです
春
春晩のためなら同胞も売る！
出場枠をめぐって黒い噂が絶えません

人気や実力があっても出場できるとは限りません
出場候補者
出場者を選ぶ基準は何ですか?
党の素晴らしい政策を体現し、宣伝できる人物だ!
人気お笑い芸人・馬季もあるコントがきっかけで物議を醸しました
1984年「宇宙印のタバコ」
宇宙
国産タバコのイメージを貶めた!
共産党幹部
これ以降、春晩から風刺的な芸は激減しました
風刺は芸能の生命力
体制賛美のお笑いなんてありえない!
春晩に20回以上出演している2人の超人気歌手がいます
宋祖英
彭麗媛
2人の背後には、それぞれ中国で最も権勢を持つ男がいます…
彭麗媛は、言わずと知れた習近平夫人
夫が国家主席に内定した2007年で、春晩は卒業したわ
莎士比亚
宋祖英のバックにいるのは元国家主席・江沢民——

1986年末、彭麗媛は知人から習近平を紹介されました
彭麗媛（すでに国民的人気歌手）
習近平（バツイチの地方官吏）
テレビをほとんど見ないのであなたのことを知りません
えっ!?
こりゃダメだ…
私は春晩で『希望の田野で』という曲を歌ったんですよ
その歌は聞いたことがありますとても良い歌ですね
しかし、翌年、彭麗媛は習近平と結婚しました
その後、習近平は出世街道を歩み国家主席へ――
彭麗媛のすごい眼力！未来の独裁者を見抜くとは
習と彭の結婚から2年後1989年に天安門事件が勃発――
事件後初の春晩で――
突然、江沢民と李鵬が会場を訪れました
今晩は、なんと党と国家の指導者も会場にお見えになりました！
ざわ ざわ ざわ ざわ ざわ
おおっ…！
江沢民は出演者一人ひとりと握手をしました
その中に宋祖英がいたのです――

この時、宋祖英は23歳
春晩には初出場でした
宋祖英は1992年に
TVプロデューサーと
結婚しています
この直後、宋祖英は海軍政治部
歌舞団の団員となり――
全国少数民族声楽大会で
金賞を受賞
しかし、宋祖英が江沢民の愛人で
あることは、みんな知っています
北京五輪閉会式では
世界的テノール歌手
ドミンゴとデュエット
宋祖英の車に〝中南海※通行証〟があったわ!
なんで一歌手が中南海に?
そりゃ〝あのお方〟に会うためよ
ああ、やっぱり…
※中南海…党幹部の居住区
先輩格の彭麗媛と
肩を並べる実力者となりました
江沢民が宋祖英に出した
ラブレターの内容まで
知れ渡っています
今後何かあったらお兄さんを
訪ねなさい　お兄さんは君を
助けてどんなことでも
解決してあげられるよ

皆さんにオススメしたい中国人歌手は
香港の譚詠麟
とくに『水中花』は名曲!
ぜひ聴いてみて下さい!

第12話 春節聯歓晩会の政治学（後編）

前回に引き続き「春晩」のお話です
春晩は共産党の洗脳装置です

テーマは毎年同じ
一党独裁の正当化
愛国主義の強化

なんで毎年必ず少数民族がみんなで歌うの？
普段の芸能番組にはちっとも出てこないのに…
「少数民族も〝中華〟の一部。共産党の下で団結せよ」って意味だよ…

中国人の表現は良くも悪くもベタでストレート
直球勝負
春晩を見ると、共産党の考えがよーくわかります

たとえば、「改革開放」が推進され――
多くの国有企業でリストラが断行されました
99年の春晩ではこんな寸劇が披露されました
労働者は国家に成り代わって考えなければならない…
だから私は自ら離職する!
私が辞めなければ誰が辞めるっていうんだ!
ありえない!
こんな寸劇で人民が納得すると思っているのか!
春晩のゲストは中国の威信を高めた人
金メダリスト(北京五輪の翌年は60名が登場)
多過ぎ!
宇宙飛行士
楊利偉(中国初の宇宙飛行士)
軍人です!
日本なら、ノーベル賞受賞者も外せないでしょう
2012年ノーベル生理学・医学賞 山中伸弥
2014年紅白歌合戦ゲスト審査員
中国では、春晩出場どころか監獄行きです
2010年ノーベル平和賞 劉暁波

春晩には、その年の共産党のテーマが反映されます
今年は香港返還だ！融和ムードを演出しろ！
1997年の春晩では5連続で香港関連の演目が登場
1997
えっ、また香港モノ…!?
さらには、香港返還を担当する高官まで登場
なんでこの人は歌も踊りもしないの
つまんない〜！
この時は、まさか香港がこんなに抑圧されるとは思わなかった…
雨傘革命、敗北！
香港書店主、拉致か!?
春晩の主目的——それは「中華ナショナリズム」を人民に植え付けること
すべての演目で中華思想を表現せよ！
台湾海峡危機で台湾との関係が冷え込むと——
春晩に台湾からの留学生が招かれました
これは母なる河黄河の水です
これは父なる江長江の水です
そして、これは台湾の日月潭※の水です
日月潭
ベタな大統一パフォーマンス！

※日月潭＝台湾最大の湖

こんな大統一パフォーマンスもありました
何だこれ？
多くの中国人が、この手の演出に感動しているのも事実です
私がひねくれ者なだけ…？
中国31省市区および香港、マカオ、台湾から集められた34の土です！
これらの土は宇宙船に乗って宇宙に行って、また祖国に帰ってきたものなんです！
全世界に散らばる華人も春晩を視聴しています
洋服を着ていても心は中国のまま～♬
特製の青銅の鼎の中で混ぜられます
我々の偉大な祖国の繁栄・富強を祈りましょう！
故国の芸能を楽しんで何が悪いのさ！
これは芸能じゃなく洗脳だよ！
鼎は国家権力の象徴…
うんざりです！
国家富強、民族団結、祖国統一…共産党の宣伝概念がすべての演目に深く植え込まれています
かなりベタなのに何でみんな気にならないの？

※薄熙来＝習近平のかつての政敵。服役中

2016年の春晩では『光栄』という歌が——
歴代の党指導者が次々とスクリーンに現れます
毛沢東
鄧小平
江沢民
胡錦濤
そして習近平が登場——
前の4人は2シーンなのに習近平だけ8シーンも!
毛沢東——?
いや、もはや金正恩レベルです!
さらには戦勝70周年の軍事パレードを——
春晩の舞台上で再現!
皮肉なのは、この時使われた『鉄血忠誠』という楽曲が、米国製ゲーム「レッド・アラート3」のパクリだったこと!
原曲は『ソビエト・マーチ』というタイトルで、共産国の帝国主義を体現する歌なんです!
これが意図的だったらとてつもなく見事な風刺精神!

春晩は全世界で10億人が視ると言われています
2016 春节联欢晚会
CM料金は「スーパーボウル」※をも凌ぐという説も
※アメリカンフットボールの王座決定戦
北方では驚異的な視聴率
遼寧省88・9%
吉林省87・7%
黒竜江省85・3%
北京市73・2%
毎年必ず見るよ!
でも、じつは南方ではそうでもありません
上海市17・4%
四川省16・5%
広東省5・3%
海南省1・3%
北方人は笑いのセンスがない!
ライフスタイルの変化もあり近年は視聴率を維持するのが難しくなってきています
洗脳装置を守れ!
視聴率低下の最大の要因はその内容です
習近平万歳!
特に2016年は酷すぎました
プロデューサーは誰だ?
制片主任: 彭丽娟
彭麗娟? 聞いたことないぞ
まさか…
あっ、やっぱり彭麗媛の妹らしいぞ!
姉のマネージャーをしていたそうだ!
どうりで習近平礼賛が過ぎると思ったよ!
習ファミリーによる国家の私物化が進んでいる

私は、彭麗媛が妹を通じて春晩を操っていると考えています
習近平が毛沢東の再来なら彭麗媛は江青の再来でしょう
文革の悲劇の引き金を引いた毛の第四夫人です
革命模範劇「白毛女」
文芸工作は、女優だった私に任せて！
彭麗媛は、自ら芸術総監となって舞台「白毛女」を3D映画化しました
全部門を挙げて、この映画を人民に見せなさい！
白毛女
政治部
中宣部
文化部
教育部
広電総局
2016年の春晩は、日本でもニコニコ動画で生中継されました
niconico
10万人が視たそうです
意外にも視聴者の71%が「とても良かった」と評価しました
みんな歌がうまいぞ
意外と悪くない
?!
Why?! Japanese people!
えーっ!? ありえない!!
歌詞の意味がわからないせいだ！
安倍晋三総理は、真面目で優しくて素晴らしい～♬
もしサザンがこんな歌を紅白で歌ったら、どう思います？

日本の「紅白歌合戦」は、純粋にエンターテインメントを楽しめて良いですね
リモコンで投票できる！歌番組まで〝民主的〟だ！

第13話 人民解放軍の内幕（前編）

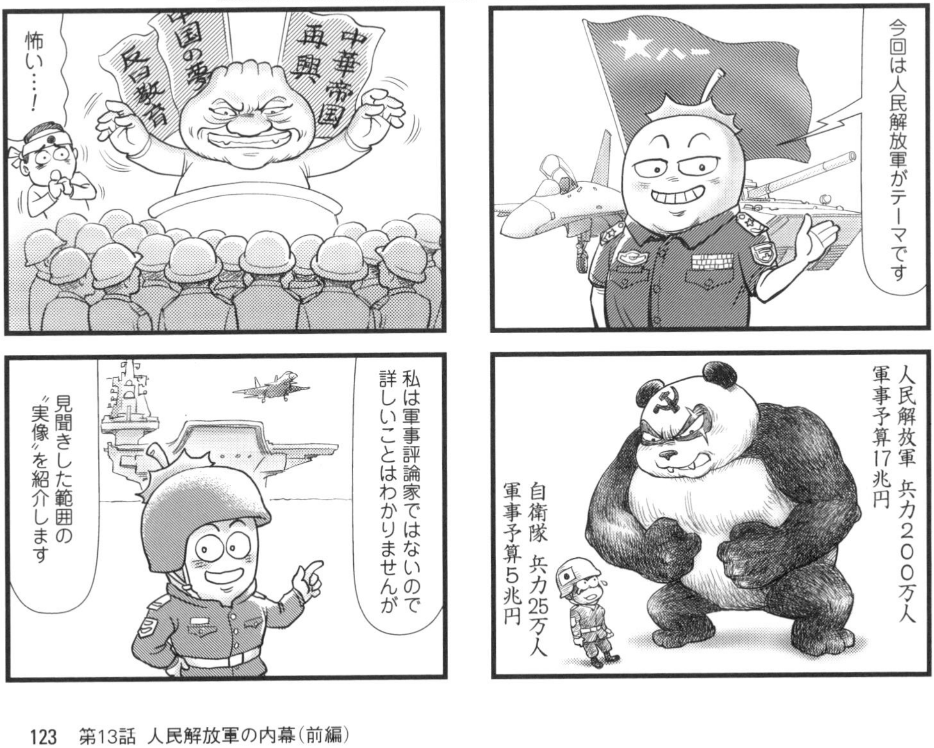

八一
今回は人民解放軍がテーマです
中華帝国再興
中国の夢
反日教育
怖い・・・・！
人民解放軍 兵力２００万人
軍事予算17兆円
自衛隊 兵力25万人
軍事予算５兆円
私は軍事評論家ではないので詳しいことはわかりませんが
見聞きした範囲の〝実像〟を紹介します

まず確認すべき点は
中国には国軍が存在しません
人民は丸裸なのです
何をバカな！
200万人の人民解放軍があるじゃないですか！
あれは国家の軍ではなく
共産党の軍です
でも、人民の血税で賄われているのでは？
もっともな指摘です
過去にも国軍化すべきだという議論がありましたが
共産党は拒否しています
中国には
中華人民共和国
中央軍事委員会
中国共産党
中央軍事委員会
という2つの組織があります
メンバーは両方ともまったく同じ
なぜ、わざわざ2つの組織に分けているんですか？
もし中国人民と中国共産党が対立したら…
人民解放軍は共産党の側に立つ
ということを確認しているのです
ギャ～～！
一党独裁反対
民主化実現

人民解放軍という名称は皮肉です
なぜなら解放軍の最大の仮想敵は、台湾でも日本でも米国でもなく…
中国人民だからです！
天安門事件
チベット・ポタラ宮事件
自由
中国では、1949年を「解放後」と表現しますが…
解放
私は「陥落後」と言っています
多くの近代歴史ドラマが1949年で終わるのは
終わり
その後の共産党統治が悲惨過ぎて描けないからです
参軍報国 無上光栄
中国は徴兵制がありますが…
実際はほぼ志願兵だけです
征兵処
もし徴兵制を実施したら…20代男性だけで1億人以上
全員は食わせられん！志願兵だけで充分だ！
加入解放軍
でも、最近は解放軍に志願する人がめっきり減ったようです
征兵処
大学生を採りたいけど誰も来なくなった
志願して来るのは落ちこぼればかり…

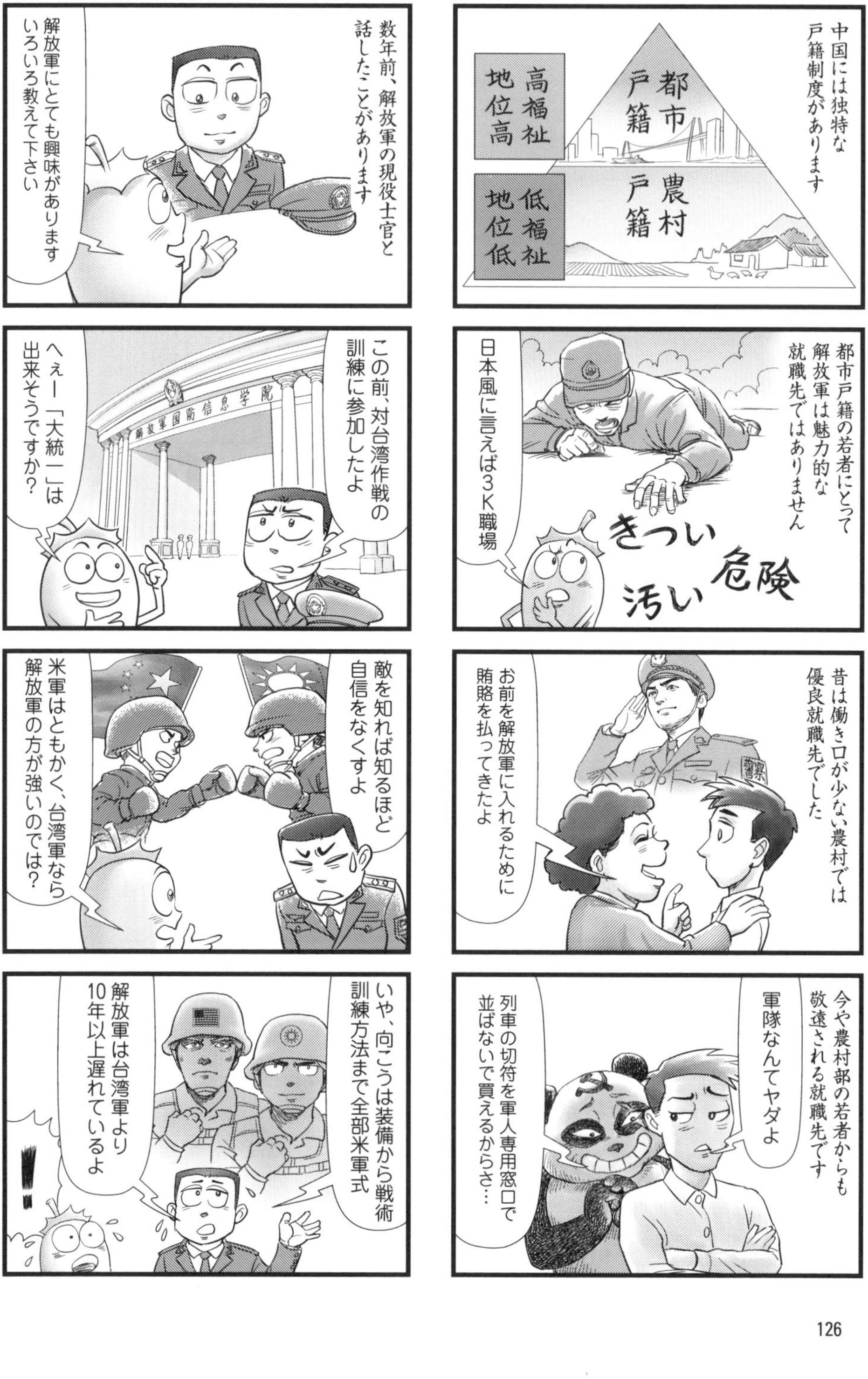
中国には独特な戸籍制度があります
都市戸籍
高福祉地位高
農村戸籍
低福祉地位低
都市戸籍の若者にとって解放軍は魅力的な就職先ではありません
日本風に言えば3K職場
きつい
危険
汚い
昔は働き口が少ない農村では優良就職先でした
お前を解放軍に入れるために賄賂を払ってきたよ
今や農村部の若者からも敬遠される就職先です
軍隊なんてヤダよ
列車の切符を軍人専用窓口で並ばないで買えるからさ…
数年前、解放軍の現役士官と話したことがあります
解放軍にとても興味がありますいろいろ教えて下さい
この前、対台湾作戦の訓練に参加したよ
解放軍国防信息学院
へぇー「大統一」は出来そうですか?
敵を知れば知るほど自信をなくすよ
米軍はともかく、台湾軍なら解放軍の方が強いのでは?
いや、向こうは装備から戦術訓練方法まで全部米軍式
解放軍は台湾軍より10年以上遅れているよ
!!

訓練と言っても、普段は行進と布団たたみばかり
布団たたみは全国大会まで開催するほど力を入れているから米軍にも勝てるかもね
★解放軍★ 布団たたみ全国大会 開催！
敵わない…！
解放軍に2年いるけど、訓練で実弾を撃ったのはたった10発だよ
えーっ！
これで本当に外国軍と戦えるのか不安だよ…
つまり解放軍の仮想敵は丸腰の中国人民ということだな…
中国は武器輸出大国ですが――
MBT2000
エンジンはウクライナ製の6TDじゃないと、買えないね！
一時、戦闘機のエンジンを自国開発すると大見得を切りましたが
やれるもんなら、やってみな
結局、上手くいかずまたロシア製に頼ることに――
ボールペンの先端部分すら輸入に頼っている国に戦闘機のエンジンは無理！
帝国主義は張り子の虎である
解放軍こそ張り子の虎でしょ…

先日、自衛隊の入間基地を見学しに行きました
中国人ですが大丈夫ですか?
どうぞ、どうぞ
うわー、カッコイイ!
中国軍の基地は一般開放なんてありません
写真を撮ったら中国人でも即逮捕されます
軍事駐屯地
立入禁止 撮影禁止
なぜ一般開放しないんですか?
外国軍に見劣りするのを隠すためさ
そもそも賄賂・汚職があまりに酷くて…
でも、中国はどの業界も同じでしょ?
いや、解放軍は別格だよ!
メディアの監視が及ばない閉鎖的組織だからね
入隊して驚いたのはすべての階級に〝定価〟があるってこと
定価表
軍長 500万元
師長 300万元
団長 100万元
営長 40万元
連長 20万元
無銭昇進禁止!!
売官
明朗会計
もし約束通りのポストが得られなければ全額返金いたします!
ある意味、中国で最もクリーンな業界かも…!?

解放軍には上官が部下の給料を
ピンハネする慣習があります
三人前
2013年の汚職逮捕数
4万5000人
うち佐官級760人
殺
解放軍
さらに最高幹部も…
徐才厚・上将
（国家中央軍事委員会副主席）
谷俊山・中将
（総後勤部副部長）
習近平・国家主席の親族の名も
「パナマ文書」に
THE PANAMA PAPERS
義理の兄
まさに国ぐるみの汚職です！
もっとも腐敗しているのは
軍の不動産を一手に握る兵站部門
総後勤部
自宅
業者から賄賂を取り放題
サイドビジネスもやり放題
軍の用地を払い下げてやるから
宅地開発して販売価格の60%をキックバックしろ
兵站部門の中将・谷俊山の汚職額は――
なんと3000億円超！
実家にはトラック4台分の財宝が隠されていました
純金の洗面器に純金の毛沢東像！

なぜ解放軍はここまで金儲けに走るのか？
それは鄧小平の改革開放とも関係があります
改革開放
１９８０年代――
経済成長が優先だ軍には充分な予算は出せない
お前たちは自分で稼げ！
えーっ!?
百万大裁軍
ところが、多くの権益を有する解放軍は――
中国のビジネス界を忽ち席捲！
軍需独占
広大な軍用地
独自のロジスティクス
国防よりも金儲けだ！
解放軍ビジネススクール
軍特権を活かせ
銃口で威嚇せよ
新兵は消耗品と思え
軍系企業は、巨大財閥化――
中国保利集団
中国新興集団
中国新時代集団
１９９０年代になると、解放軍ビジネスの行き過ぎが社会問題化
軍艦で石油を密輸！
江沢民は、解放軍によるビジネスを禁止しましたが…
度を越している！
軍商分離
まったく効き目がありませんでした
上有政策、下有対策
政府が規制しても抜け道を使えば問題ない！
軍商一致

入間基地航空祭は家族連れの見物客でいっぱいでした
まるで遊園地みたい
日本は軍事基地まで平和な雰囲気がするなんて不思議だね

第14話 人民解放軍の内幕（後編）

前回に引き続き人民解放軍がテーマです
保卫祖国

中国メディアは人民解放軍を褒めたたえます
解放軍報
世界赞叹 中国实力
环球时报
解放軍必勝！
そりゃ、丸腰の人民には勝てるだろうさ！

軍事雑誌には大げさな情報があふれています
米軍驚愕のハイテク兵器！
殲-20（ステルス戦闘機）

えっ！ あれがステルス戦闘機!?
レーダーで丸見えだしエンジンは出力不足
たしかに〝驚愕モノ〟…

戦争以外で軍隊の実力が明らかになるのは災害時
USA
JAPAN
四川大地震では解放軍の救援ヘリが山中に墜落
わーーっ!!
大量の兵士を投入して墜落ヘリを捜索するも発見できず
どこに墜ちた?
見つからない!
あのー、私たちを助けてくれるのでは…?
10日後、アマチュアの軍事愛好家が機体を発見
あなた方のヘリはここに墜ちてますよ!
2014年、マレーシア航空機行方不明事件が発生
各国が最新鋭の対潜哨戒機による捜索を展開しました
NAVY
最多の152人の乗客を抱える中国は…
よし、わが軍も高新6号洋上偵察機を出せ!
あれは対外宣伝だけで実際には完成してません
えっ、竿の先っぽに手作りソナー!?
なんて原始的な!
第二次大戦の映画で見たことがある

解放軍兵士は2種類の制服を持っています
中国武警
人民解放軍
武装警察
緊急事態発生！
大急ぎで着替えて出動せよ！
先輩！どっちの制服ですか？
バカ！武装警察の方だ
中国で緊急事態と言えば人民デモに決まってる！
デモが始まったら俺たち解放軍兵士は武装警察の制服を着て応援に駆けつけるんだ
はあ…
デモ隊はルールを守って大人しくしてますよ
我々の出番はなさそうですね
!? あれは先輩では？なんであんな格好を？？
こういう時は〝第3の制服〟を使うのさ
あっ、火炎瓶に火をつけて暴れ始めた！
よし！鎮圧するぞ！全員突撃～!!
悪辣な！

2012年の武器見本市で話題になったのは――
第六届中国国际警用装备博览会
今回は素晴らしい新製品を紹介します！
7・62ミリ口径の重機関銃です！
最速連射モードだと6000発／分！
通常モードでも2500発／分！
何千、何万の〝敵〟も一瞬で掃射可能！
誰もが一つの恐ろしいイメージを思い浮かべました……
ギャー！！
打倒共産党
自由
2016年も6月4日の前に〝軍事演習〟が行われました
31の省市区で実施つまりほぼ全国…
"卫士-16"演习(武警部队直属支队)
北京の軍事演習は天安門広場の制圧訓練
外国軍は広場でデモはしないと思うけど
戦車にはこのような標語が――
治暴平乱 人人有責
「暴動は鎮圧する一人一人の責任を問うぞ」という脅し文句！
中国共産党の仮想敵が誰なのか一目瞭然です！

へー、人民解放軍の敵は中国人民なのか
そうですよ
装備も訓練もお粗末なレベルなんだ
そうですよ
内部腐敗が深刻で商売ばかりに熱心なんだ
そうですよ
じゃあ、日本人は人民解放軍のことを警戒する必要はないね
違います!!
どうして?
尖閣諸島みたいな小さな島を本気で中国が奪いに来るわけないでしょ?
尖閣は不要でも…
一党独裁を守るためなら戦争ぐらい平気でやります
!?
中国では〝面子〟が大事
共産党が面子を失えば民心が離れ、一党独裁も崩壊します
だから、面子のために戦争を起こすこともあり得ます
まさか!?

でも、面子のために戦死者を出したら政権がもたないのでは?
团结万岁
世界
たしかに日本なら政権はもたないかもしれませんね
人命は地球より重い
……
でも、共産党は人命より面子が大切です
毛沢東
世界革命のために中国は3億人の命を差し出す用意があります
えっ、3億人? …コイツ、俺より狂ってる
スターリン
1957年
西側と核戦争をしましょう
中国の人口が半分になってもまだ3億人も残ります 何を恐れることがありましょうか!
毛沢東
中国にはついていけない…
フルシチョフ
そ、それは毛沢東が狂っていただけでは…
反革命分子
反动派 地主、叛徒
いや、人命軽視は中国共産党の伝統です
鄧小平も同じです――
毛の文化大革命の失敗で共産党の面子はまる潰れだ!
ベトナム軍がカンボジアに侵攻したそうです
これだ! 中国がベトナムを〝懲罰〟すれば共産党の面子も回復するだろう
目的が曖昧な中越戦争で中国軍は膨大な戦死者を出しました
思ったよりたくさん死んじゃったな…
まあ面子が立ったから良しとしよう

共産党の指導者になれるのは
躊躇なく人民を殺せる者だけ
毛沢東
鄧小平
1949
胡錦濤もチベットでデモ隊を
虐殺して出世しました
1989年 ラサ虐殺
ほう、なかなか
見どころがあるな
趙紫陽は天安門で人民虐殺に
踏み切れず総書記を更迭
1989年 天安門事件
ひ弱な奴だ
共産党員はみんな
学習しています
人民の命
共産党の面子
今でも共産党の
人命軽視のDNAは
変わっていません
朱成虎
人民解放軍少将
国防大学教授
2005年、香港での記者会見で
各国メディアを相手に――
米国が台湾海峡に
武力介入したら
核戦争も辞さない
核戦争になったら
西安以東の全都市を
犠牲にする覚悟は
できている
それって中国の人口の大半が
死んでも構わないってこと!?
中国の人口は多すぎる
核戦争による
人口抑制が必要だ
こんな狂人が
人民解放軍では
出世するんです

人命軽視の風潮は一般にも浸透し始めています
タカ派軍事愛好者
中国
元は同胞だった台湾人に対しても――
我々が取り戻したいのは台湾の領土だけだ
統一に反対する台湾人を生かしておく必要はない
TAIWAN
まして日本人に対しては――
日本鬼子？
TAIWAN
すでに1000発のミサイルの照準を日本に合わせてある！
全員皆殺しだ！
日本鬼子
中国は日本と戦争しても何も得られません
日本と仲良くした方が多くの利益を得られるでしょう
日中友好互恵関係
しかし、「中国の利益」と「共産党の利益」は違います
中国
平和と繁栄
独裁維持
核心的利益
日本人はそのことがわかっていないようで心配です
中国軍が来たらとことん話し合って食い止めます
争っても何も得られませんよ
GIVE PEACE A CHANCE
NO WAR
戦争立法絶対反対
俺たち共産党には得るものがあるんでね！

本来は侮蔑《ぶべつ》語の「日本鬼子」「小日本」を
萌えキャラに転化した日本人はスゴイ
鬼
見事な諧謔《かいぎゃく》精神！

中国鬼子……
萌えないけど。。。

第15話 わたしはなぜ戦うか

2016年の6月、最愛の母を病気で亡くしました
私は母を見舞うこともできませんでした
お母さん、ごめんなさい
いいんだよ 帰国したらお前は逮捕されてしまうんだから仕方ないさ
お葬式にも参列できませんでした
お兄さん、私の弔辞を代読して下さい
わかったよ
葬儀の模様をネット映像で生中継してもらいました
沉痛悼念
お母さん、最後まで親不孝でごめんなさい

7月に父と兄が日本に来てくれました
お父さん！
お母さんにも日本を見せてあげたかった…
私たち家族は、ずっと共産党に振り回されて、つらい思いをしてきました
今回は私の家族の歴史を紹介したいと思います
1960年代、大躍進政策の失敗で中国経済はボロボロでした
毛同志、知識青年たちの働き口がありません
フン、都会の若者はみんな辺境に送り込め！
知識青年、辺境に来たれ！
新疆・東北・雲南・・・
大変なことになったわ…
うちは地区の班長だから最低でも一人は出さないと…
上海在住の祖母には5人の子供がいました
長女
次女
三女
母
四女
弟
三女や、悪いが新疆へ行ってくれないかい？
私はイヤよ！

旅立ちの日、三女が恋人と一緒に姿を消しました
大変！ あの子が逃げたわ！
うちは地区の班長なのにどうしましょう!?
お母さん、泣かないで私が姉さんの代わりに行くわ！
当時まだ16歳だった母は何も分かっていませんでした
国の発展に貢献できるなんて素敵だわ
新疆がどんなところかも知らない母はその日のうちに旅立ちました
お母さん、国境地帯の発展に尽くしてくるわ！
新疆は中国最西部の国境地帯です
新疆
北京
上海
荒涼とした砂漠が広がり人が暮らすには過酷な環境です
えっ？ ここはどこ？
最初は洞穴式住居で暮らしました
えっ？ 北京原人ごっこ？
その後、日干しレンガを作って家を建てました
雨が降ったらレンガが溶けてしまうのでは？
大丈夫 降らないから
えっ？ 降らない？

都市出身の十数万人の知識青年は、不毛の荒野を開墾させられました
人力で開墾できる土地じゃない
広すぎてキリがない
農業など知らずに育った母にはあまりに過酷な環境でした
上海に帰りたいよ〜
でも、精神力が強い母は徐々に優良労働者になっていきました
新疆は少しずつ人が住める環境になっていきました
砂漠
農場
砂漠
人間業とは思えない！どれだけ苦労したのか…
優良労働者になっても母の望郷の念は強まる一方でした
ああ、上海に帰りたい！お母さんに会いたい！
4年後、ようやく一時帰郷が認められ上海へ——
お母さん、新疆は地獄よ！もう絶対に戻らないわ…！
ごめんね 戻らなくていいわよ
共産党は家族に猛烈な嫌がらせを始めました
今日も職場で吊し上げに遭った…馘になるかも
私のせいだわ…
共産党の陰湿な圧力に負けて2ヶ月後、母は新疆に戻りました
家族のために私が犠牲になるしかないわ…

私の父は北京の中学校を出て――
1958年に故郷・河北省の農村の教師になりました
えっ？ この村に教師は僕一人だけ？
算数
9+5
国語・算数・理科・社会・体育・音楽…全部一人で教えないと…
ところが、次第に生徒が学校に来なくなりました
おかしいな…僕の教え方が悪いのか？
家庭訪問をすると、みんな空腹で動けないことがわかりました
中国大飢饉（1958-1962）
教師だった父も飢えに苦しみました
腹が減って死にそうだ…
なんで農村なのに食べ物がないんだ？
共産党が全部北京に持って行ってしまったのさ
村では十数人の餓死者が出ました
もうダメだ…このままでは死んでしまう
教師を辞めた父は屯田兵になりその後、新疆に派遣されました
ひどい土地だな…！

新疆で父と母は出会い結婚しました
結婚しよう！
1970年に兄が、1973年に私が生まれました
かわいい子！この子には新疆の辛い生活はさせたくないわ…
1歳半の時、私は上海に連れていかれました——
長男は新疆で育てるのでこの子は上海で育てて下さい
わかったわ
こうして私は家族と離れ離れとなりました
ママ〜！
ごめんなさい！
どういう事情か分かりませんが6歳の頃、少しだけ新疆で暮らしたことがあります
ママ！お兄ちゃん！
母はずっと私を抱きしめてくれました
私のかわいい坊や！
恥ずかしい話ですがおっぱいも咥えさせてくれました
おっぱいをあげられなくてごめんね
恥ずかしいけど嬉しい…
私にとって新疆は天国でしたしかし1年後、なぜかまた上海に戻されました
ママ〜！
ごめんね！でもあなたのためには、この方が…

祖母は優しい人でした
でも私はいつも
寂しい気持ちでした
ママ…
私は暗く内向的な子供に
なりました
なぜママは僕を上海に
置き去りにしたんだろう…
家出未遂を何度も繰り返しました
線路沿いに歩いていけば
ママに会えるかも…
いつも自殺願望を抱えていました
生きてる意味はあるのかな
死んだら楽になれるかも…
米
80年代になると、新疆の
知識青年たちの怒りが爆発します
抗議団
家に帰せ!!
いつ故郷に帰れるんだ!
もう中年になってしまったわ
私の青春を返して!
家に帰せ!!
共産党は軍隊を出動させました
さっさと農場に戻るんだ!
軍に威嚇され、知識青年たちは
農場に戻されました
くそ〜!
絶対に脱出してやる

その後も、知識青年たちは何とか故郷に帰ろうとしました
故郷の都会に戻る方法は2つあるよ
その後、上海出身の知識青年たちは故郷に戻ることを許されました
ようやく上海に帰れるぞ
ひとつは、共産党幹部に1000元の賄賂を贈ること
高すぎる！
私たちの1年分の給料と同額！
しかし戻れるのは上海出身者のみ
上海出身は私だけ…離婚すれば子供たちを上海で育てられる
そんな…！
もうひとつは、奥さんを一晩幹部に差し出すこと
バカな！
多くの夫婦が離婚の道を選びました
法律が変わればまた一緒に暮らしましょう
他の男と再婚しないで待っててくれよ
海
吐魯番
両親は拒絶しましたが少なからぬ人々がこの方法で帰還しました
……
両親は偽装離婚の道も拒絶しました
あなたと別れるなんて考えられない
ありがとう

中国では共産党の都合ひとつで
法律がどんどん変わります
俺が生まれた河北省の農村なら
夫婦揃って帰れることになったぞ
両親は露天商とパーマ屋で
稼いだお金を元手に
街へ出て洋服屋を始めました
新疆に比べれば生活レベルも
マシだし、何より上海に近い
ついに私も一緒に暮らせる
ことになりました
お母さん！お父さん！
お兄ちゃん！
父は露天商を始めました
何とか喰っていくぞ
私は両親の仕事を手伝いながら
美術学校に進学しました
家族と一緒なら
いくらでも頑張れる！
母はパーマ屋を始めました
パーマ液で手がボロボロだけど
新疆に比べれば天国だわ
その後、ついに母の上海戸籍への
復帰が認められました
家族で上海に行きましょう！

年老いた祖母は
失明していました
かわいそうなお母さん
これからは私が面倒みるわ
しかし、平和な日々は
長く続きませんでした
もっと親孝行したかった…
さらに私が逮捕勾留され
国外亡命へ――
息子や～！
亡命
日本へ
疲れ果てた母は、
ついに68年の人生を閉じました
共産党の統治は、私たち家族に
大きな苦しみを与えました
もっと酷い目に遭わされている人も
中国にはたくさんいます
人間には自由に
幸福に生きる権利があります
移動の自由
言論の自由
職業選択の自由
政治参加の自由
結婚の自由
子供を産む自由
家族と暮らす自由
基本的人権は何人も
侵してはなりません
これが
私が共産党と戦う理由です
母の無念を晴らすためにも
私は戦い続けます！

日本での生活は気に入っていますが
ときどき猛烈に望郷の念に駆られます
生きているうちに
再び祖国の土を踏むことは
できるのだろうか?

特別対談

習近平の「言論弾圧」と「愚民化政策」

中国はなぜ民主化できないのか。凶暴化する共産党独裁のメカニズムを徹底的に分析する。

辣椒《ラージャオ》　漫画家

本名・王立銘。1973年、新疆ウイグル自治区生まれ。広告会社に勤めながら、2009年から「変態辣椒」のペンネームで政治風刺漫画をネット上で発表。中国政府の迫害を受け、2014年から日本に滞在中。

阿《あ》古《こ》智《とも》子《こ》　東京大学大学院総合文化研究科准教授

1971年、大阪府生まれ。大阪外国語大学外国語学部中国語学科卒。香港大学教育学系博士取得。現代中国の社会変動が主な研究テーマ。著書に『貧者を喰らう国─中国格差社会からの警告【増補新版】』（新潮選書）。

阿古　日本での漫画家デビュー、おめでとうございます。「変態辣椒」の作品には以前からネットで注目していましたが、辣椒さん本人に初めて会ったのは二〇一四年の秋でしたね。その政治風刺のレベルの高さから、かなり高齢の人だろうと思っていたのですが、意外に若くて驚きました（笑）。

辣椒　東京大学の先生にそんな風に思ってもらえていたなんて光栄です。阿古先生が『貧者を喰らう国』という著書の中で、中国のネット規制や言論弾圧の状況を詳しく分析していることを知り、とても感激しました。ぜひ一人でも多くの日本人に、いま中国で進行している恐ろしい事態を伝えてほしいと思います。

阿古　でも日本の中国研究者の間では、中国政府が気に入らないことを書くと、入国を拒否されたりするのではと懸念が広がっています。私も悩みながら書いています。

　ところで、辣椒さんの漫画はこれまで中国で出版されたことはありますか？

辣椒　本の挿絵で使われたことはありま

すが、私の作品集としてはありません。私の漫画は中国では〝過激〟とされる内容なので、出版社に作品を見せても、まず相手は言葉を失い、次に「これは出せない」と言われるのがオチです。

阿古　台湾や香港ではどうですか？

辣椒　大陸の政治事情に精通していない人だと、ちょっとわかりにくいかもしれません。実際、日本でも作品集を出そうとあちこちに打診してみたのですが、「日本人読者にはわかりにくい」と断られて、結局、新潮社さんで日本人向けに新作を描き下ろすことになりました。

阿古　日本人に中国の実情を知ってもらう良い機会だと思います。でも、本当は中国の人に読んでもらえるのが一番いいのですが。政治や社会について、広い視野を得たり、深く考えたりするきっかけになるはずなのに……中国で出版できない現状はとても残念です。

中国の言論弾圧の状況

辣椒　先進国では、暴力や裸など、何を描いてはいけないかが、法律によって明示されています。でも、中国にはそういう明確な基準がありません。地方政府を批判することは必ずしも不可能ではありませんが、その批判が地方政府の〝存在意義〟に触れるとアウトになる。国家レベルの指導者の批判はより基準が厳しくなりますが、それも法律で定められているわけではない。

では、たとえば毛沢東はどうか。漫画にも書きましたが、彼を「かわいく」描くことも許されないでしょう。中国では公の場で毛沢東を語ること自体が、大きな政治論争に発展しかねないリスクがあります。習近平は文革時代も含めて毛沢東を否定してはならないと言っており、以前にもまして毛沢東批判は難しくなっています。

阿古　ネット言論への締め付けも相当に厳しくなっているようですね。

辣椒　ネットで政治的に〝敏感〟な発言を続けていると、警察がやって来ます。漫画でも描いたように、私も何度も経験しています。

さらに最近は、敏感発言を転載しただけでも警察に捕まるようになりました。たとえば、先日もGoogle+上の知り合いから「捕まった」と報告があり、話を聞くと私が描いた習近平を風刺した作品を転載したからだと言います。この人は数時間拘束されただけで釈放されたからまだ良かったのですが、やはり私の同じ作品を転載した人は五日間も拘束されました。たまに「そろそろ中国に戻ってきたらどうだ。問題ないと思うよ」と言う友人もいますが、転載しただけで捕まるのに、実際の作者が捕まらないわけがない。

阿古　辣椒さんは日本に留まらざるをえない状況ですが、他にもたくさんの知識人がアメリカなどに出国したまま、中国に戻れなくなるケースが相次いでいますね。習近平政権になってから、ますます言論規制が強まったように感じます。

辣椒　東京にいる中国人留学生が実家に電話をして、中国共産党の悪口を言ったら、翌日警察が実家に来たという話もあります。今や長距離電話の会話記録から〝敏感単語〟をコンピュータで洗い出し、発言者を特定することまで可能なのです。

このような規制強化の背景には習近平の方針もあるかと思いますが、一方で取り締まる側が自分たちの予算や人員を増やしたいという思惑も働いていると思います。問題が多いほど、違反者を多く捕まえるほど彼らは得をするわけで、問題のある人物が多くいるようにみせかけて予算を増やすわけです。治安維持の予算はすでに国防費を超えており、まさに中国の「獅子身中の虫」になっていると思います。

阿古　そのような規制に莫大な費用を掛けられるのも、中国が経済発展をしてきたからです。少し前まで、中国は八％の成長を維持しなくてはならないと言っていましたが、もし成長が鈍化したら、さまざまな問題が表面化してくるでしょう。その時に、これだけの治安維持費用を捻出できるか……？

辣椒　まさにそこが習政権のアキレス腱です。中国人は「たとえ言論の自由などなくても、飯が食えたらいいではないか」という発想が根強く、経済発展をもたらした中国共産党に幻想を抱く庶民も多い。でも、もし経済面の不満を多くの人が持つようになったら、中国共産党への批判が一気に高まるかもしれません。

阿古　なぜ中国の多くの人々は、言論の自由をもっと求めないのでしょうか？

辣椒　私の親世代から、そのように強いられてきたのです。文化大革命など酷い政治運動が続いて、言論や政治の自由などよりも、とにかくその日が安心して暮らせればいい、となってしまった。私のように自由を求める人もいますが、まだ少数派です。

習近平の権力の源泉

阿古　私は最近、内モンゴルの漢族の農村に行きました。十五年前にも訪れたことのある村で、『貧者を喰らう国』にも詳しく書きましたが、当時は共産党の腐敗・汚職に対する村民の不満が強かった。ところが今回行くと、訪ねた家で習近平夫妻の大きな写真が飾ってあり、習近平は毛沢東に匹敵する人物であるという声も耳にしました。もともと貧農地域では毛沢東崇拝が強かったのですが、いつの間にか習近平も同じくらい高い評価を獲得していたのです。

辣椒　習近平の写真が売れているという噂は聞いていましたが……。むしろ政権に虐げられてきた貧農層に、習近平崇拝が起きているというのは怖いですね。

阿古　彼らが習近平を好むのは、腐敗・汚職の取り締まりを進めているからです。もちろん腐敗・汚職は良くないでしょうが、ろくに裁判にもかけずに罪を着せていく、非常に危ういやり方ですね。

辣椒　お金のある人はいろんな情報が入ってくるから、党のやり方はおかしいと思えるけれども、貧しい人は情報が少ないから、〝悪を退治する〟習近平に拍手喝采してしまうのかもしれません。

習近平は、中国建国時の八大元老・習仲勲の息子に当たりますが、こういう「赤色第二世代」の人たちは中国を自分の「家」のように感じ、自分たち「家族」以外の者にこの国を任せてはいけないと思っている。もし後継者が見当たらなければ、習近平の任期を延ばすこともありえます。腐敗撲滅でこれだけ政敵を作っていますから、引退後に復讐されないためにも延命策を講じるかもしれません。

阿古　それにしても、なぜ農民たちはあれほど彼を誉めるのでしょうか？

辣椒　現在の共産党指導部の中では、血筋的にも能力的にも最も指導者にふさわしい要件を満たしていることは間違いない。もう一つは、世論操作の巧みさですね。

阿古　たしかにインターネットやテレビなどメディアの使い方は秀でていますね。辣椒さんらリベラル派のネット活動を徹底的に弾圧する一方で、五毛党（中国共産党に有利な意見をネットに書き込むアルバイト。一件あたりの報酬が五毛［約十円］であることから名づけられた）を使ったり、ネットを通じた宣伝活動を積極的に行って、共産党の印象を良くしようとしています。

辣椒　今は五毛党どころか、無報酬のネットボランティアがたくさんいます。特に大学生が中心になり、党に有利となる書き込みを呼びかけている。

阿古　なぜ大学生たちはそんなことをしているのですか？

辣椒　もちろん好きでやっている学生もいると思いますが、大学の党組織がフォーマットを配って、「あいつを攻撃しろ」などと誘導していたりする。学生の方も党組織から高評価を得ておくと就職に有利になると思って、積極的にやるわけです。

遠い民主化への道

阿古　大学生といえば、東大に留学してくるような学生でも、天安門事件の詳しい経緯を知っている子は少ないですね。当時のニュース映像を見せると、「家でじっくり見たいから、ビデオを貸して欲しい」と申し出る学生もいます。

辣椒　もちろん学校では何も教わりませんし、ネット上でも天安門事件関係の情報は根こそぎ削除されていますから、普通に生活している限り、知るよしもありません。私はたまたま政治に関心があったので、こっそり事件の情報を収集して知っていましたが、私の周囲の人たちに聞いても本当に誰も知らない。

阿古　私はよく中国の農村に調査に行きますが、アメリカや日本の悪口を言う人などは、たとえ天安門事件の写真を見せても、「これは外国の陰謀だ」などと言って信じてもらえないのではないかと思います。

辣椒　共産党にとってみれば、人民が無知の方が統治しやすいのです。中国の学生とネット上でやりとりしても、あまりに何も知らないので、何だかこっちが恥ずかしい気持ちになってしまいます。

　私のブログには、五毛党の人や毛沢東主義者たちから罵倒のコメントが大量に寄せられます。この人たちは言葉だけではなく、実際に面と向かっても暴力的な傾向があります。彼らは異なる意見を頑として認めようとしません。中国では、共産党だけでなく、庶民の間でも互いに他人の意見を認めず、暴力的になっています。

阿古　いま中国の採っている「愚民化政

策」は非常に危ういと思います。いざという時、国民に知識や思考力がないと、大きな悲劇を招く恐れがある。もっとも日本のような民主主義国でも、有権者の多くが人気取りの政治家に騙されてしまったりなど、同じような危険はあるかもしれませんが。

辣椒　二〇一四年、日本で初めて選挙の演説を見て、「ああ、これが本当の選挙なんだ」と涙が出てきました。でも、一緒にいた日本人には私の興奮している理由がよくわからなかったようです。日本に来て、多くの日本人は政治に関心がないことがよくわかりました。日本は民主主義の歴史が長いので、その素晴らしさを感じる感覚が麻痺しているのではないかと（笑）。

　中国共産党もそんなに党に自信を持っているなら、堂々と普通選挙をやったらいいのにと思います。でも漫画でも描いたように、共産党は自信がないから、普通選挙はやらないのです。

阿古　じつは中国の憲法でも、結社の自由、言論の自由、そして民主主義が謳われています。しかし、その一方ですべては中国共産党の指導の下で行わなければならないとされています。そもそも司法の独立がなく、共産党が憲法よりも上位にある体制なので、民主主義ではありえません。

中国の行方、日本がなすべきこと

辣椒　私は中国の将来に対しては悲観的です。一部の楽観的な人はインターネットが中国を変えるなどと言いますが、中国共産党のネット対策は巧みですし、実際のネット言論を見ていると、現実を知らず、自ら中国共産党擁護の投稿を買って出る人が大勢います。共産党政権はしばらく続くでしょうし、現在のように民衆の中でも毛沢東主義者とリベラル派に分裂している状況では、仮に共産党政権が倒れても、民主主義が実現するどころか、世の中が乱れて結局ロシアのプーチンのような独裁政権が誕生するように思います。

　中国は七十年近くも共産党政権が続いていますし、それまでの二千年間も王朝支配の下、民衆は隷属状態に慣れてきたので、日本やアメリカの人が考えるほど簡単に民主化には進めません。もし楽観的な見方をするなら、台湾を一つのモデルにすることはできるかもしれません。でも台湾ですら今の民主社会になるまで、それこそ何十年もかかりましたし……。

阿古　中国政府は、よく「我々は小さな台湾とは違う。中国のような大きな国は今のやり方がいいのだ」と言いますね。

辣椒　台湾と異なる面があるのは確かです。中国はより複雑です。中国の場合、独裁の問題とともに、民族の問題があります。つまり、漢民族の大漢民族主義が浸透していて、民主化を唱える人の中にも、ウイグルやチベットの問題になった途端に、中国共産党と同じ立場になる人がいます。その一方で、各地域が独特の文化や習慣を持っていて、互いに認め合わない傾向がある。それらを考慮すると、本来はアメリカのように連邦制にして各地の独立性を高めるやり方がよいと思いますが、中国の伝統的な天下国家観念だと、あくまで統一が大前提という発想になってしまいます。私の読者の中でも、中国共産党批判は支持してくれるのに、「中国の分裂を容認するのはがまんできない」と批判してくる人もいます。

阿古　日本は中国にどう向き合うべきだと思いますか？

辣椒　一九八九年の天安門事件の後、日本は他国に先駆けて中国共産党と友好的な関係に戻りました。それで結局アメリカも、経済成長が平和的な民主化を生み出すだろうと中国共産党に歩み寄りました。どの国も中国経済に期待して擦り寄るわけですが、このようなやり方では中国共産党はいつまで経っても変わらないと思います。

　日中友好と言いますが、それは中国の誰との友好なのかを考えてほしい。これまで日本の日中友好は中国政府を相手にしたものにすぎませんでした。もっと中国の人権問題に関心を持ってほしいです。

阿古　たしかに、これまでの日中友好の相手は、あくまでも中国共産党であり、民間交流と言っても、結局は共産党傘下のものに偏っていたかもしれません。

辣椒　日本政府には、もっと中国共産党に厳しく接してほしい。たとえば、中国政府は「日本は歴史を正しく認識しないといけない」と言いますが、だとすれば中国はどうなのか？　日本では戦争問題について公開討論できますが、中国では文化大革命や天安門事件の公開討論などは一切できません。そのような矛盾を突いて、共産党に圧力をかけてくれれば、あるいは盤石に見える習近平の強権政治にも綻びが生じるかもしれません。

阿古　辣椒さんのおっしゃることもわかりますが、一方でわれわれは現実的にならなくてはなりません。これまで話してきたように、実際問題として中国が民主化していくには長い時間が必要でしょうし、政治的な混乱が経済的な混乱に繋がれば、中国のみならず日本を含む世界経済にも大きな打撃を与えるのは避けられません。中国共産党の存続が前提だとは思わないまでも、中国共産党の中にも良心的な人がいることは確かですし、長い目で「同じ価値観を持つ国になってほしい」という理想を持ちつつ、中長期的にはどこで協力しどこで圧力をかけるか、戦略を持ってやるべきだと思います。

辣椒　それはよくわかります。いずれにせよ、この先中国が変わっていくためには、まず中国の人々が、これまで自分の国がどのような歴史を辿って来て、いまどのような状態に置かれているのか、真実を正しく知っておく必要があると思います。そのためにも、私はいつの日か文化大革命や天安門事件など中国の本当の歴史を漫画で描いて、中国の人々に読んでもらいたい。その日が来るまで、日本で漫画の修業を積みたいと思います。

阿古　辣椒さんの夢がかなう日が来ることを祈っています。頑張って下さい。

※本書は、「新潮45」(2015年7月号〜2016年9月号)に連載された『中国亡命漫画家』に加筆修正をしたものです。また、巻末の「特別対談」は、同誌(2015年7月号)に掲載された対談を再構成したものです。

マンガで読《よ》む

嘘《うそ》つき中国共産党《ちゅうごくきょうさんとう》

発　行　2017年　1月20日

著　者　辣椒《ラージャオ》

発行者　佐藤隆信
発行所　株式会社新潮社
〒162-8711　東京都新宿区矢来町71
電話　編集部　03-3266-5411　読者係　03-3266-5111
http://www.shinchosha.co.jp
装　幀　新潮社装幀室
印刷所　大日本印刷株式会社
製本所　株式会社大進堂

ISBN978-4-10-507021-2　C0095